会社を50代で辞めて勝つ！

A.T Marketing Solution 代表
髙田敦史

会社を50代で辞めて勝つ！

髙田敦史

集英社

「会社を50代で辞めて勝つ！『終わった人』にならないための45のルール」

目次

第2章　会社を辞めるために必要なことは、すべて会社で学んだ

第3章

50代で会社を辞めるための10の心得

第4章
独立する前にやっておくべき20の行動

退職の1年以上前にやっておくべき10の行動

退職の1年前からやるべき10の行動

第5章 フリーランスとして生きるための15の知恵

フリーランスとして生きる7つの働き方

フリーランスとして生きる3つの自己研鑽

フリーランスとして生きる5つの心得

序章

会社のホンネは「50歳を過ぎたら早く辞めてほしい」

トヨタの部長から54歳でフリーランスへ

２０１６年の７月12日、私は大卒で入社して以来31年間お世話になったトヨタ自動車を退社した。54歳７カ月。サラリーマン生活に別れを告げてフリーランスになった瞬間だった。

退社する直前の役職はレクサスブランドマネジメント部部長。高級ブランドであるレクサスのグローバルブランディング活動を現場で主導する立場だった。入社以来、与えられた場所で、会社の力も利用して、個人ではできないような様々な経験を積み重ねてきた結果、最後は大変やりがいのあるポジションを与えてもらったと思う。

トヨタは超優良企業だ。従業員数は単体で約７万人以上、日本企業としては給与水準もかなり高い。部長になれるのは大卒社員の10人に１人程度で、かなりの勝ち組に入る。最近は若い社員が外資系企業に転職するケースも増えてきたが、現役の部長が50代で辞めるのは大変珍しいし、ましてやフリーランスになるという話は私もあまり聞いたことがなかった。そんな中で私がその意思を表明した時、社内外の多くの方々からご質問をいただいた。

「髙田さん、どうして辞めちゃうんですか？」

「転職じゃなくて、本当にフリーランスになるんですか？」

質問の裏には「トヨタで部長までやっているのにもったいない」「役員になれなくても関連企業で安定したポジションがあるはずだ」という疑問があったのだと思う。「会社の中で何かトラブルがあったのではないか」と憶測する人もいたようだ。組織で仕事をしていると多少の揉め事はあるし、それが原因で会社を辞める人もいる。ただし、私の場合は40代になった頃から定年前に会社を辞めてフリーランスになることを考えていたのだ。

高齢社員は会社にとってお荷物になる

２０００年の年金制度改正により、厚生年金の支給開始年齢が順次65歳まで引き上げられることになった。これに合わせる形で２０１３年には高年齢者雇用安定法が改正され、希望する人全員を65歳まで雇用することが義務づけられた。そしてその際、企業側に3つの選択肢が示された。

① 定年年齢自体の引き上げ（例えば65歳定年）
② 60歳定年後65歳までの再雇用
③ 定年制度自体の廃止

①と③は経営へのインパクトが大きいために、多くの企業は②を選んだが、最近は60歳を過ぎても同じ会社で働き続ける人は増えている。そして今、政府内で議論されているのは、定年年齢自体を65歳まで引き上げ、その後70歳まで再雇用等、何らかの形で働いてもらうことで年金財政への負担を減らすことだ。近い将来は65歳を過ぎて会社に残る人も珍しくなくなるだろう。

一方で、給与は50代の半ばをピークに下がり始める。55歳前後の役職定年でまず2割程度カットされ、60歳からの再雇用でさらに半分程度になるのが一般的なようだ。給料が下がっても少しでも会社の役に立ちたいと頑張る人も多いが、その気持ちは実は会社側にとってありがた迷惑かもしれない。会社の本音は、特殊な技能を持っている人を除けば、50歳以上の社員には早く辞めてもらいたいのだ。

だが、がっかりすることはない。会社という場所を一歩離れれば、自分の経験や知識を活かす場が存在しているかもしれない。自分自身の未来をもっと輝かせたいと思うなら、外の世界へ一歩踏み出すという選択肢もあるはずだ。

サラリーマンにも五分の魂

かつて、ある人から言われたひとことを、今も忘れてはいない。

「君から会社の看板をとったら、たいした価値はない」

生意気だった私への教育的指導の意味があったとしても、なめてもらっては困る！サラリーマンにも五分の魂がある。与えられた場所で一生懸命仕事をしてきただけでなく、自分なりに勉強もしてきた。また、会社の枠を越えた人脈もある。

そのとき私は、定年前に会社を辞めて看板なしで生きてみたいと思ったのだ。

しかし、一定の年齢を超えたサラリーマンはなかなか会社を辞める決断をしにくいものだ。慣れ親しんだ会社には気心の知れた仲間がいる。役職を外されたとしてもそれなりのタイトル（専門部長、専門課長、参与、調査役といった名称が多い）はもらえる。再雇用後の給与は大きく減額されるが、生活に困るほどではない。メリットを一生懸命に数え上げながら、退屈な現状を肯定しつづける道を選びがちだ。

しかし、本当にそれでいいのだろうか。自分自身ではまだまだ働けるつもりなのに、会社の中ではすっかり「終わった人」扱いだ。

50代半ばの役職定年から10年間、会社にぶら下がってしまうと、もはや新しい仕事を始める気力も体力も残っていないだろう。その意味では、50代半ばというのは、自分自身の「未来」を左右する、大変重要なタイミングなのだ。

例えば、走り幅跳びをイメージしてみよう。

走り幅跳びの一流選手がジャンプする距離は8ｍくらいだが、助走はその約5倍も長い40ｍ前後だ。これをサラリーマンに例えると、50代半ばまでの会社員生活は人生における長い助走だ。学校を卒業して30年以上、会社の力や看板を借りて蓄えた知識や経験を基にして、残りの人生は自分の力でジャンプしてみてはどうだろうか。

最近は「働き方改革」という言葉が連日マスコミで取り上げられている。その背景には、個人と会社の関係が我々の世代よりもずいぶん多様になってきたことがある。残業を減らして自分の時間を大切にしたいという人もいれば、会社を通じて自身が成長したいという人もいる。そして20代で自らのビジネスを立ち上げる勇敢な若者も増えている。最近の若者の生き方には、我々世代も学ぶべきところがあると思う。

私が本書で伝えたいこと。

それは、「働き方改革」という言葉は、若者だけでなく今後のシニア世代にこそ当てはめるべきだということだ。個人で稼げる環境は若者だけでなく全世代に開かれつつある。少なくとも、自分の商品価値や可能性を見つめ直しもせずに、他の選択肢を諦めてしまうのは思考停止だと思う。若者の悪口を言う前に自分のことを考えよう。「終わった人」になるより素敵な生き方を実現できる人がたくさんいるはずだ。

ベストセラーになった『ライフシフト　人生１００年時代の人生戦略』（リンダ・グラットン、アンドリュー・スコット著／東洋経済新報社）は、年齢に関係のないマルチステージ型の人生を提唱している。そこまで華麗にいかないまでも、年齢に関係なくやりがいや生きがいを持って働くことができれば、きっと幸せな人生になるだろう。

私が会社を辞めてフリーランスになる準備に入ったとき、具体的な会社の辞め方やフリーランスの働き方についての「実務的な指南書」はあまり見当たらなかった。本書は、私自身の経験から「あのときこんな本が欲しかったなぁ」と考える内容を具体化したものだ。

この本の主なターゲットは、企業に勤める40代、50代の方々を想定している。ただし、30代以下の方々に読んでいただいてもそれなりに参考になるようにも書いている。「会社を辞める」と言ってもいろいろな道があるだろう。今までの仕事とは全く関係のない分野、例えば料理好きの人がレストランを開業したり、知り合いと一緒に新事業を立ち上げたりというようなこともあるだろう。ただし、本書においては、会社員時代の経験、人脈を生かして、フリーランス（個人事業主）として働くことを中心に書いている。私自身もそのような働き方をしているし、最も成功する確率が高いと考えるからだ。

今、私自身はフリーランスとしてやりがいのある充実した人生を送れている。会社を辞めた決断は正しかったと思う。そして、70歳、いやそれ以降も社会のお役に立てるように頑張るつもりだ。本書をお読みいただき、私と同世代や後輩の方々が、もう一花咲かせるためのお役に立てればうれしいと思う。

第1章

50代で会社を辞めるべき5つの理由

理由 1 「人生100年時代」＝「最低でも70歳までは働く時代」だ！

日本人の平均寿命は年々延びている。手元にある資料（2018年7月の厚生労働省発表）によると、男性が81・09歳、女性が87・26歳となっている。

昭和35年生まれの場合、男性の5％、女性の17％が100歳以上生きると予測されている。大雑把に言えば10人に1人以上は100歳以上生きるということだ。90歳以上となると男性の38％、女性の64％が到達する。健康寿命についても、医療の進歩により平均寿命との差が縮小傾向にある。

だが、私たちの意識はまだこの状況に追いついていない。100年（少なくとも90年以上）という長い時間をどう生きるか、議論が十分にされていないのだ。

また、この高齢化は少子化と同時進行で進んでいく。2035年に高齢者（65歳以上）の比率が総人口の3分の1を超え、その後、更に比率が高まっていく。生産年齢人口は15歳以上65歳未満とされているが、生産年齢の定義を70歳まで引き上げないと成り立っていかない社会になる。

その意味でも、早く手をつけるべきことの一つが、現在40代、50代の方々のリタイアメントについての意識改革ではないだろうか。

現在の主流である60歳定年が定着したのは１９８０年代からで、１９７０年代までは55歳定年が主流だった。高度経済成長が始まった１９６０年の平均寿命は男性が65・32歳、女性が70・19歳だった。それからの約60年で男性は約16歳、女性は約17歳も寿命が延びている。当時の定年年齢55歳に平均寿命の延びを足すと、現在の定年年齢が70歳以上になっていてもおかしくないのだ。

今でも多くの会社の定年年齢は60歳だが、２０１３年の高齢者雇用安定法の改正により、多くの会社が60歳以降の再雇用制度を導入し、定年到達者の7割程度が何らかの形で同じ会社で働き続けている。それでも65歳までだ。90歳まで生きるとしたらまだ25年、１００歳まで生きるとしたらまだ35年ある。これはもはや「余生」と呼べる年数ではない。これだけの年数を現役世代の負担に頼って暮らすのは普通に考えても無理がある。

まず、最初に考えるべきなのは「何歳まで働くのか」ということだ。

長く働いて年金の受給開始年齢を遅らせれば、月々の受給額を増やすことができる。現在の制度下では厚生年金の受給開始を70歳からにすれば月々の受給額は42％増える。そして、現在検討されている75歳からの繰り下げ受給にすれば更に受給金額は多くなるだろう。年金受給額自体が今後減らされる可能性が大きい中で、長く働いて受給年齢を遅らせることは有効な防衛策になる。

「長生きのリスク」という言葉がある。蓄えが底をつくと、年金だけでは介護施設の費用も払えないからだ。その対策は長く働いて年金の受給年齢を繰り下げすることだ。


多くの企業では50代半ばで役職定年が設定されている。役職手当が削られるため給与は2割ぐらいカットされる。そして60歳で定年を迎えて再雇用されると給与は更に半減またはそれ以下になるケースが多い。

一方、政府は２０２１年から公務員の定年を65歳まで段階的に引き上げることを計画している。政府要請に基づき民間企業も追随するだろう。その際、60歳以降の給与水準はそれ以前の７割程度を想定しているらしい。現状の再雇用制度（給与は半減またはそれ以上）に比べると一見よさそうに見えるが、決してそうでもないようだ。

現状の再雇用制度で指摘される問題の一つに、60歳以降は給与が大幅に減るのに同じ仕事を続けている人が多いことがある。これは安倍晋三政権が掲げる「同一労働、同一賃金」の原則にも反するし、社員にとっても収入が急に下がるのは生活面の対応が難しい。

そこで、公務員の場合は、給与の支払い総額を現状の再雇用制度並みに抑えつつ、50歳を過ぎたあたりから徐々に給与を下げ始めることが検討されている。要するに65歳定年になっても生涯年収は増えないということだ。

かつては定年の年が最高年収だったが、これからは50歳前後で年収ピークを迎えて、その後はなだらかに給与が下がっていく時代になるだろう。最近は「高齢者活用」という言葉をよく聞くが、若い優秀な人材を確保するコストが上昇する中で、今以上に高齢者への配分が増えるはずはないのだ。

もう少しお金の話をしてみよう。金額は現状の「60歳定年・65歳まで再雇用」を前提に計算する。

例えば、あなたの年収が１０００万円と仮定すると、50代半ばの役職定年で８００万円（２割カット）、60歳からの再雇用で４００万円（5割カット）になったとする。月額換算で30万円強ということだ。厚生年金の受給年齢が順次引き下げられ、１９６１年生まれ以降の人は65歳からしかもらえなくなるが、それを補ってはくれる金額だ。安全第一、安定最優先という人は定年までの貯えもそれなりにあるだろうし、60歳で退職金も受け取っているので当面の生活に困ることはないだろう。

ただし、再雇用によって得られる安定は昔のような「悠々自適」を意味しているわけではない。

60歳からの再雇用を選んだ場合、上限年齢（65歳）に達した時点で、新たなチャレンジをすることは難しいので、65歳以降は無収入になる覚悟が必要だ。

一般的に夫婦二人で必要最低限の生活を送るための支出は月額22万円と言われる。これはサラリーマンがもらえる厚生年金の月額とほぼ同じレベルだが、夫婦で旅行したり、たまには外食したり、多少お金のかかる趣味を持っていたり、それなりに豊かな生活を送るためには月額35万円程度は必要だろう。差額の13万円を90歳までの25年間（３００カ月）で掛け合わせると65歳時点で約４０００万円の貯えが必要になる。

また、介護施設に入居するようなことになれば、一人当たり月額20万円以上の費用がかかる。夫婦二人とも入居すれば月額で40万円以上だ。そのための費用も確保しておくとしたら、4000万円の貯金があっても足りないかもしれない。

「定年後は悠々自適」などというのは、余生が10年程度の「人生70年時代」の言葉だ。人生100年時代にそれなりに豊かな老後を迎えたいなら、70歳、またはそれ以降も働くという選択肢を考えた方がいい。

理由2　会社に残って「終わった人」になってもいいか？

60歳以降も会社に残り続けるメリットはもちろんある。最大のメリットは「安定」だ。収入面での安定感、安心感は間違いなくある。また、名前の知れた大企業に勤めていれば、世間体も保てるだろう。しかし安定と引き換えに失うものも多い。

ある人事関係の専門家が大変厳しいことを話していた。いわく「再雇用制度の場合は正社員ではなくなり、給与が半減するので多少仕事ぶりが悪くても我慢しようと思えたが、今後65歳まで定年が延長され、正社員として働いてもらう場合は、ちゃんと成果を出してもらわないと困る」と。問題は、どんな成果を求められるかである。

彼によれば、大所高所からのアドバイスなんかいらないから、仕事を選ばずにやってほしい。場合によっては（今までは年長者ということで遠慮して頼めなかった）書類のファイリングのような単純作業も素直にやってもらわないと困るとのことだ。デジタル化が年々進行する中で、ＩＴツールが苦手な人には、特に厳しい状況が待っているだろう。

政府の要請もあって高齢者を雇いつづけるコストが増大すると、そのしわ寄せは間違いなく若い社員にいく。今後、若年社員が高齢社員に向ける目は、さらに厳しくなるだろう。日本経済の成熟化により企業の昇格率は低下し、かつてなら部長になれたレベルの人が課長止まり、課長になれた人が係長止まりになるケースが増えている。「なんであんな人が部長になって高い給料をもらっているんだ！」と思っている人が今でさえ大勢いるからだ。

そんな中で、60歳以降で再雇用された高齢社員の中には辛い経験をしている人も多い。張り切って仕事を手伝うと疎まれる。逆に大人しくしていると「給料泥棒」と陰口をたたかれる。高齢社員に与える仕事を探すのに、年下の上司が四苦八苦しているという笑えない状況も日常的に起こっている。

ベテラン人材の活用を謳ってみても他に代え難いユニークなスキルを持っている人などそう多くはない。同じ仕事なら知識や経験を積み始めた若手や中堅に任せた方が将来の会社のためになる。ましてや、往々にして高齢社員がやってしまいがちな大所高所からの〝ご意見〟など、忙しい現場にしてみれば勘弁してほしいというのが本音なのだ。

現在は人手不足と言われているが、今後デジタル化が更に進むと人余りの時代が必ず来る。そうなるといつまでも会社に居座る高齢者は迷惑なのだ。同じ給料を支払うならもっと使いやすい若手社員を雇いたいと誰もが思っている。

１９７０年代までは55歳定年が主流だった。その後、平均寿命が延びるにしたがって60歳定年になり、将来は65歳定年になっていくだろう。しかし、定年延長は常に政府の要請や法律の改訂によって行われてきたことであり、企業が進んでやったのではない。今でも会社の本音は（１９７０年代までと同じ）55歳で辞めてほしいと思っている。その証拠に、多くの企業には早期退職奨励制度がありセカンドキャリア研修などを積極的に行っているではないか。

そんな環境の中で、サラリーマン人生の終盤戦を会社にぶら下がって過ごすには、よほど割り切るか、鈍感でないと耐えられない。少なくとも私はそう思った。それなりに実績を残したという自負があれば「晩節を汚す」という言葉も頭をよぎるではないか。

理由 3 50代前半は仕事人としてのピークだ（後は、下り坂が待っている）

50代半ばで責任ある役職を離れると、仕事人としての商品価値は年々落ちていく。残念ながらこれが真実だ。最近まで責任ある立場で現場を仕切っていた人と、役職を離れて長らく閑職にいた人のどちらに仕事をお願いしたいか？　答えは聞くまでもないだろう。

50代の前半は仕事人としての経験、知識、人脈が最も蓄積されたピークである。その後数年間も現場を離れてしまうと、情報が来なくなるだけでなく、使える人脈も徐々に狭くなる。気心の知れた同世代の人間も同じように現場を離れてしまうからだ。

若い時にはいろいろな職場、仕事を経験し、30代から40代前半では自身の強みを生かして実績を上げ、40代後半からはマネジメントの立場で組織の指揮、運営や部下の育成を行う。人によって差はあるとは思うが、そのような会社生活を送ってきた方は多いと思う。

最近の若者はもっと早く結果を求める人が多いようだが、経験の蓄積から様々な引き出しを持つことができるのはサラリーマンのよいところである。

一方で、50代は「追われる立場」でもある。同じ会社にいる以上、似たような経験、ノウハウを持った人間が後ろに控えているからだ。後は、役職定年で権限がなくなり、再雇用で「終わった人間」になっていくのだ。

会社生活を通じて積み上げた自身の価値をその後の人生でどう生かすかを考えた時、50代の半ばが人生の分岐点となる。会社に残って下り坂の毎日を過ごすのか、外に出て、新たなステージを探すのかを考える時である。

役員になれば話は別だが、役員というのは仕事の能力だけでなれるものではない。運に恵まれ、権力者への忖度《そんたく》にも腐心しなければならない。若い時には優秀だった人が、役員昇格が見えてきたら上しか見ないヒラメ部長になるという話はどこの会社にもあるはずだ。しかし、そこまでしても役員になれる人など少数派だ。

また、体力的にも新しい世界に踏み出すには50代半ばが限界だろう。若い頃から体力には自信があった私も最近は地下鉄の階段の上り下りが苦しくなり、ゴルフの飛距離も落ちてきた。同級生に会うと、健康診断の数値の話や、「最近、物忘れが激しくて…」という話が多くなってきた。そして60歳以上の先輩になると持病を抱えている人も多くなる。私自身も「50代はまだいいけど、60歳になったら体に気をつけろ」と言われている。

私が55歳になる寸前で会社を辞めた時には「よい時期に決断しましたね」と多くの方から言われた。新しい仕事が軌道に乗るまでには数年はかかる。新しい門出は60歳を過ぎてからでは絶対に遅すぎる。

大学を出てから50代半ばまでの約30年を第1ステージ（サラリーマン）とすれば、

その後70歳までの15年を第2のステージ（個人事業主）と考え、自身の燃料（知識、経験＋体力）が十分な状態でロケットに再点火すべきだ。

多額の資産でもあれば別だが、豊かな老後を過ごしたいと思えば、最低でも70歳、健康面の問題がなければ70歳以降も働く時代が来る。「豊かな」という意味を、金銭面、生きがい面の両方から総合的に考えると、いつまでも会社にしがみつくことが良い選択とはとても思えない。

そして、次のステージへの布石を打ちたいのなら、早めの行動が重要になる。65歳まで待つわけにはいかないのだ。「立つ鳥跡を濁さず」という諺があるが、65歳まで会社にしがみついていると、飛び立つことさえできなくなってしまう。

理由４　中高年の独立に〝追い風〟が吹いている

アメリカでは５０００万人以上の人がフリーランス（兼業含む）として働いているが、日本でもフリーランスの数が１１００万人を超えた。これは生産年齢人口（15―

64歳）の約15％が専業または副業で組織に属さずに個人で仕事をしているということだ。また、その数は２０１５年から２０１８年の3年間で2割以上増加しており、今後も更に拡大していくだろう。日本でも働くことへの考え方が変わってきたということだ。

政府もこの流れをサポートしようとしている。税制や社会保険の制度などをフリーランスが働きやすい方向に整え、個人事業主や副業を推進する方針だ。フリーランスで働く人にとってはありがたい環境が整い始めているのだ。会社人間は「働き方改革」と言われると、残業削減や在宅勤務といった狭い範囲の言葉しか思い浮かばないが、会社で働くというのはもはや「働き方の一部」でしかない。

働く側の意識が変わっただけではない。会社側も外部リソースをより活用する方向に動いている。内製化重視からアウトソーシングの時代に変わりつつあるということだ。１９９１年にバブル経済が崩壊し、人件費削減のために正社員を派遣社員に置き換える企業が増えたあたりから、大企業でも労働力を外注化する流れが高まってきたように思う。

また、従来は社員がやっていた調査や企画業務を外部のコンサルティング会社に委託する会社も増えている。かつては残業してでも正社員が全部やるのが美徳だったが、これからはアウトソーシングを効率的に活用する傾向が強まっていくはずだ。

内製化重視の考え方は、終身雇用、年功序列という日本的雇用環境と密接な関係がある。ＯＪＴで先輩が後輩に技術やノウハウを伝えていくという古き良き伝統は「正社員は会社を辞めない」という前提で成り立っていた。人材の流動化が進み、せっかく教えてもどんどん人が辞めていくと、教える側も「そのうち辞めちゃうかもしれない奴に、真面目に教える気がしない」となる。

従来の日本企業は、新入社員を一から教育し、均質で汎用性のある正社員によって運営されてきた。このようなスタイルを「メンバーシップ型」と呼ぶ。一方、最近のＩＴ系企業のように、個人の専門性を重視し、中途採用や外注を柔軟に行うスタイルを「ジョブ型」と呼ぶ。

私の前職であるトヨタ自動車は前者の典型的企業だった。工場のような現場ではメンバーシップ型の強みで他社を圧倒しているが、企画や営業部門は徐々にジョブ型に変わりつつある。特にクルマ単体を売るのではなく、移動全体をサービスとして提供するという考え方ＭＡＡＳ（Mobility As A Service）に関係するようなＩＴ系知識が必要な部署は、働いている人のほとんどが中途採用者や外注先社員というケースが増えている。

アップルのように商品企画までは自社でやるが、生産は外部に委託する企業のことをファブレス（Ｆａｂｌｅｓｓ）企業というが、これからは従業員レス企業という形態も増えていくかもしれない。ちなみに私がお手伝いしているＩＴ系企業は、かつて50人ほどの従業員を抱えていたが、今では社長以外はすべて外注に変えた。ちなみに私もＣＭＯ（Chief Marketing Officer）という役職をいただいているが、役員どころか社員ですらない「外注先」である。

あなたが現在企業の管理職だとしたら、次のような事例を考えてほしい。

既存事業の売上が先細りになり、会社の上位方針で未経験の市場分野への参入を検討することになったが、社内には詳しい人間がいない。コンサルティング会社に頼むと最低でも１０００万円以上の費用がかかる。

そんな中で、その分野の企業で30年以上働いていた方（フリーランス）の紹介を受けた。営業や企画部門を中心に幅広い知識、経験がある。

少なくとも一度は会ってみたいと思わないだろうか。そして月額のコンサルティング費用が数十万程度であれば、まずは３カ月程度から契約してみようと思わないだろうか。

会社の中では特別とは思っていなかった知識や経験が、外で売れる環境が整いつつある。内製化が中心の社会では、企業を辞めてフリーランスになることは、自由を手にする代わりに、収入が下がる覚悟が必要だったが、これからは今までの知識、経験を基にフリーランスでもお金が稼げる時代になる。

特に、役職定年で給料が２割カットされ、60歳からの再雇用後には更に半減することを考えると、フリーランスとして請け負うことで「自由」と「収入」を両立できる可能性は十分にある。以前は限られた才能や実力を持つ一部の人間に限られていた「フリーランスで成功する」という選択肢が多くの人間に開かれつつあるのだ。

理由５　チャレンジマインドなき人生は寂しい

１００歳まで生きるとしたら、50歳はまだ半分。90歳と考えてもまだ６割弱。マラソンで言うならまだ25㎞を過ぎたあたりだ。これまでの経験を助走だと考えて、50代から大きくジャンプすることを考える人が増えてほしいと思う。それは、会社にしがみつく人生よりもワクワクすると同時に、自分自身をこれまで育ててくれた社会への恩返しでもある。

もちろん、50歳を過ぎての新しいチャレンジに不安を感じる人も多いだろう。マスコミは「老後不安」「年金崩壊」といった刺激的な言葉を使うが、不安感を煽るのはそうすれば本や雑誌が売れるからだ。世間の論調に惑わされ、漠然とした不安を持ったまま既存のレールに乗り続ける前に、まずは自分の人生を考えてみるべきだと思う。

もちろん私も、すべての人に50代で独立してフリーランスになることを強要するつもりはない。「一生懸命働いたんだから60歳以降も会社に面倒をみてもらおう」という考え方を否定はしない。ただし、「余生」と言うにはあまりにも長い時間を生きていくことを前提に、様々な選択肢を考えることは悪くないと思う。

一般的に若者には3つのタイプがいる。

仕事は生活の手段と割り切って自分自身の時間、生活を大切にするタイプ（生活優先派）、仕事を通じて貪欲に自己実現したいタイプ（自己実現派）、そしてその時々で両者のバランスを考えるタイプ（中間派）だ。

私から見ると今の若者は「中間派」が減って、両極に分かれていると感じる。そして「自己実現派」の若者はいったん大企業に就職しても、果敢に起業する人も多い。私も若くして起業して、必死で奮闘している人から相談を受けたことがあるが、子どもも小さく、住宅ローンも抱えながら起業する勇気は大変なものだ。

若者のチャレンジに比べると、50代で会社を辞めてフリーランスになるリスクなどたいしたことはない。50歳を過ぎて辞めれば退職金は満額近く出るだろうし、企業によっては早期退職制度があり、結構な金額の退職割増金ももらえる。

年金についても、厚生年金の支給開始年齢は65歳に繰り下げられる（１９６１年生まれ以降）が、当面は月額20万円程度はもらえるだろう。

その恵まれた環境を生かして、チャレンジできる特権を活用すべきだと思う。私が会社を辞める時に一番に考えたのは「敷かれたレールの上で流れのまま生きていて、死ぬときに後悔しないだろうか？」ということだった。

31年間のサラリーマン生活を振り返って思うのは、会社員でいることは、自分の評価を他人任せにするということだ。ある人から「出世できるかどうかは、実力が3分の1、運が3分の1、そしてゴマすりが3分の1」と言われたことがある。言い得て妙だと思う。最近注目を集めている「忖度」などサラリーマン社会では昔から常識だろう。

自分の努力で成果を得るやりがい、逆に言えば、自分で責任を負うフリーランスの仕事には31年間の会社生活では味わえなかった爽快感がある。

そして、私自身は「年長者として若い世代に貢献したい」という想いもある。

有史以来、年長者は「最近の若い奴はダメだ」と言い続けてきた。本当に若い奴がダメなら社会はどんどん悪くなっていくはずだが、実際にはちゃんと進歩している。特に最近の若者には自分の考えを持ったしっかりした人が多いと思う。

むしろ、１９９０年以降の日本の停滞、失われた30年の責任は現在の60代、50代にあるのではないか。世界の産業構造や働き方が大きく変わる中で、高度経済成長時代に先輩たちがつくった日本型ビジネスモデルを変革できないまま次世代に引き継いでしまったからだ。

そう考えると、会社に居残りつづけて元部下が煙たがるような大所高所のアドバイスなどしている場合ではない。まずは会社を辞めて次世代に活躍の場を譲る。そして、自分自身は長年の会社生活で身につけた経験や知識を武器に、外の世界に出ようではないか。

第2章

会社を辞めるために必要なことは、すべて会社で学んだ

若さにまかせてなんでもやらせてもらった宣伝部時代

1985年—1992年

入社したのが1985年だというと、「新人類世代ですね」と言われることがある。「新人類」とは経済学者の栗本慎一郎氏が考えた当時の流行語で、主に1960年代生まれを指す言葉である。戦時中に生まれ、貧しかった時代の日本を経験した世代からは理解できない新しい人種という意味で、私も当時の上司から「君は新人類だな」とよく言われた。

バブル景気が始まったのは入社翌年の1986年からだが、当時の日本経済は今のような閉塞感もなく、就活環境も良好で、私自身の会社訪問も「人気企業をいくつか受ければどこかに入れるだろう」という程度で始まった。

第一志望の大手不動産会社、第二志望の大手商社には入れてもらえず、最終的には某都市銀行とトヨタ自動車から内定をもらった。悩んだ末にトヨタに決めたのは、私が大学時代に所属していた軟式野球同好会の先輩からの勧誘があったからだ。

当時、東京の大学生の間でトヨタ自動車の就職人気は決して高くなかった。最大の理由は本社が愛知県豊田市にあることで、大学の同級生から「髙田って愛知県の出身だっけ？」と聞かれたことを思い出す。

入社して最初の配属先は東京支社の宣伝部だった。豊田市での研修期間最終日の9月31日に配属先が発表された時は飛び上がって喜んだ。理由は宣伝に興味があったからというより、とにかく東京に戻れることがうれしかったからだ。

最初の7年間を宣伝部で過ごし、社会人としての基礎がつくられた。振り返ってみると最初の配属先が宣伝部であったことがその後の人生に大きく影響している。フリーランスとして独立後の商売にもつながっているし、お世話になった方々とのご縁は今でも続いている。

7年間の経験を通じて私が到達した仕事観は「お座敷がかかれば何でもやる」ということである。担当外の仕事から宴会の司会まで、声がかかれば喜んでやる。若い時はどんな仕事でも必ず学びがあるし、小さなことでも自分なりの工夫、個性を加えれば存在感は主張できる。この考え方はその後の会社員人生においてはもちろん、独立後も変わっていない。
50代で会社を辞めて独立するにあたり、専門性はもちろん必要だが、いろいろな仕事を経験していることも役に立つ。20代から30代前半までは多種多様な仕事を経験し、その後は専門分野を見つけて、経験、知識を高め、40代以降は「○○と言えば○○君だね」と言われるような人材になっておくのが理想的だ。

宣伝部の7年間では主にテレビCM枠の発注業務と車種の広告制作業務を担当した。テレビCM枠の発注業務とは、各車種の新発売や販促強化のタイミングに合わせてCM枠を確保する仕事なのだが、当時はバブル景気でCM枠の需要が逼迫《ひっぱく》し、広告主側への値上げ要求が強かった。視聴率1％当たりの料金はいくらか、その際、ゴールデンタイム（19～22時）にどのぐらいの割合でCMを入れてもらえるかをテレビ局と交渉するのが私の仕事だった。

広告代理店に間に入ってもらい、全国で100局以上あるテレビ局と交渉するのだが、何より苦労したのが上司の説得だった。一般的に大企業は社内向きの仕事が多すぎるのが問題と言われるが、逆に言えば社内の説得すらできないようでは一人前ではない。その後担当した、広告制作業務においても「なぜこの広告がいいのか」を宣伝部内だけではなく、営業部まで説得しなければならない。当時、営業部には何かあれば宣伝部に文句をつけてやろうというタイプが多かったように思う。当時はしんどかったが、多くの方々に鍛えられたおかげで私のプレゼン能力は格段に上がった。今となっては感謝している。

「若い頃はやんちゃな方がいい」と言われるが、私が思う「やんちゃ」とは上司にすぐ盾突くことや、まして飲み屋で暴れるようなことではなく「頼まれてもいない仕事」を勝手にやることだ。

当時のトヨタは若年市場でのシェアが低いことが問題になっていた。私は、社外の調査結果や「新人類」である自分自身の考えを基にした「若者レポート」を作成し、広告代理店の若手担当者にも手伝ってもらって、若年層を攻略する深夜帯のテレビ番組企画を部長に自主提案した。この提案自体は実現しなかったが、その後宣伝部内で検討が進み、私が異動した後に同種の番組提供が行われるきっかけになった。

今は「働き方改革」のせいで、時間外に自主的な提案書をつくるようなことはやりにくくなったが、やる気のある若者はいるはずだ。「社内副業」の名の下で担当以外の仕事をやらせる会社も出てきたが、やる気のある若者にチャンスを与えることは、これからも必要だと思う。

企画業務の基礎を叩き込まれた商品企画部

1993年―1999年

入社8年目、1993年の1月に私は商品企画部に異動になった。

当時の商品企画部はかなり変わった部署で、部員の数は50名程度、豊田市本社（40名程度）と東京支社（10名程度）に分かれていた。社内では最小規模の部でありながら、課長以上の管理職は優秀な人材が揃っていた。当時の商品企画部はトップの直轄組織になっていて、その時々の会社の課題を自ら見つけ出しトップに直言するという特殊な役割を持っていたからだ。

そんな中で、私が所属した東京支社チームは、10～20年先の消費トレンドを研究するという社内研究所的な仕事をしていた。宣伝部のような日常業務に忙殺される部署から来た私は大変戸惑ったが、私はこの商品企画部で「企画とは何か」を叩き込まれた。

転属して数カ月したある日、上司から「ヨーロッパとは何か」というレポートをA3用紙一枚にまとめ、数日後に部長にレポートするように言われた。当時のトヨタは、満を持してヨーロッパ市場への進出を計画し始めた時期だったからだ。

私は、ヨーロッパの定義を百科事典で簡単に調べ、それだけではA3のスペースが埋まらないので、ヨーロッパ各国の市場規模や各社の販売シェア等をまとめた資料を作成した。しかし、それを一瞥《いちべつ》した部長から返ってきたのは「分からんな」の一言。また一か月後にレポートせよと命じられた。

それならばと、次はいろいろな文献を参考にして「ヨーロッパの定義」を数通りまとめてみた。だが、また数秒で突き返された。結局、私は2カ月以上にわたって「ヨーロッパとは何か」について考えることになった。

三度目は更に文献を読み込んだ。ヨーロッパの民族的、宗教的、文化的、地理的な多様性を説明した上で、トヨタが成功していたアメリカ市場と対比し、「ヨーロッパと一言で括って議論することの難しさ」について5分程度説明し、やっとまともに話を聞いてもらうことができた。

当時の部長は宮原秀彰さんという方で、その後はトヨタで常務、監査役も務められた。現在のEUが抱えている問題を考えても、ヨーロッパを日本人が理解することは容易ではない。宮原さんは当時のヨーロッパ市場への進出議論に何らかの警鐘を鳴らしたかったのだと思う。ちなみにトヨタは現在でもヨーロッパ市場で苦戦している。

商品企画でそんな経験を数多く積んだことで、私自身もデータや写真がきれいに整理されていても、「課題の本質」や「伝えたいことの要点」がぼやけた資料には大変厳しくなった（ただし、当時の宮原さんのように突き返す度胸はない）。

もう一つ、商品企画部での経験で大きかったのは、現在私が生業にしているマーケティングの世界に出会えたことだ。当時の商品企画部では、大学教授を指導教官にしたゼミ形式の勉強会が行われていた。

指導教官は法政大学の小川孔輔教授で、20人前後の若手メンバーが数チームに分かれ、自業務の課題をマーケティング的視点で分析し、年末には部長以下の上司たちに発表する機会も設けられていた。

このゼミ活動で私はマーケティングという学問に興味を持つようになった。トヨタの中には様々なプロがいる。設計や製造はもちろん、営業のプロ、経理のプロ、人事のプロなど各分野において優秀な人がたくさんいるが、マーケティングに明るい人はそう多くないと感じていた。私は「マーケティングをしっかり勉強すれば、社内でのユニークネスになる！」と考え独学で勉強を始めるようになった。

価値観を変えてくれた海外赴任

2000年－2004年

1999年の11月、翌年の1月付でバンコクへ赴任せよという異動内示を突然受けた。タイ・トヨタ（Toyota Motor Thailand）という製造・販売会社で、東南アジアのトヨタ子会社では最も大きな会社だったが、海外部門の経験がない私はタイでどんな車を売っているのかさえ知らないド素人だった。

更に言えば私は英語がしゃべれなかった。TOEICの点数は500点台。とても英語で仕事ができるレベルではない。子どもの学校の関係で家族は4月から来ることになったので、12月末に私は一人でバンコクに向かった。ドンムアン空港に着陸する前、窓の下に広がるアジア特有の街並みを見ながら、とても不安な気持ちになったのを今でも覚えている。

タイ・トヨタでの私の役割は、商品企画部と宣伝部の二人のタイ人部長のサポート役だったが、仕事が全く分からない。言葉も分からない。住居のあるバンコク市内から郊外にある会社まで車で1時間ほどかけて出勤するのだが、職場が近づくと毎日いたたまれない気持ちになった。タイ・トヨタでの最初の3カ月が31年間の会社員生活で一番辛かった時期だと思う。

その時、助けてくれたのは商品企画部時代から勉強していたマーケティングの知識だった。誰もが車に憧れ、欲しい、買いたいと思っている時期ならば、いい商品を早く導入して、ガンガン宣伝をすれば売れていく。しかし、消費者が徐々に成熟し、ニーズの多様化が進むとマーケティングの出番である。私が赴任した頃のタイはちょうどそういう時期を迎えていた。私の書いた企画書はタイ人スタッフには大変好評で、いつしか私は「アージャーン・マーケティング（マーケティングの先生）」と呼ばれるようになり、夜の街で覚えたタイ語も交えた変な英語で、タイ人スタッフとのコミュニケーションも徐々にうまくいくようになった。

その頃のタイ市場の主力商品はピックアップトラック（荷台のついた小型のトラッ

ク）だったが、トヨタはライバルのいすゞ自動車に売り上げ台数で大きく水を開けられていた。最大の原因は非力で燃費の悪いエンジンだった。「これこそが日本から赴任してきた私の出番だ！」と思った私は、いわゆる社内接待も含めて万策を講じて本社の説得にあたり、数年後に予定していた新型エンジンの早期導入を実現した。更には当時としては珍しいＣＧを使ったテレビＣＭや、タイ各地でのキャラバンイベントを企画して大きな売り上げアップに貢献することができた。

日本にいれば私の役職は課長級で、これほどまで劇的に会社に貢献する感覚を味わえなかったと思う。日本での仕事に閉塞感を感じている人がいたら、多少英語ができなくても海外赴任を希望することを強くお勧めしたい。慣れない土地での辛い日々を差し引いても十分にお釣りがくるくらいの素晴らしい、得難い体験ができると思うからだ。

２００３年1月に、今度はシンガポールへの異動を命じられた。従来は物流拠点にすぎなかったシンガポールに、アジア地域の販売、マーケティング機能を統括するＴＭＡＰ（Toyota Motor Asia Pacific）という会社ができて、そこの商品企画部長に任命されたからだ。

2000年にタイ赴任の内示が出たときにはアジアのことなど何一つ分からなかったが、人間というものはやってみれば何とかなるものである。英語は相変わらずうまくはなかったが、「下手でも話す胆力」がついたのも大きかった。そのおかげで、会社人生の最後でグローバルレクサスの部長もやらせてもらえたからだ。

タイとシンガポール、合計5年間のアジアでの生活は、会社員としての幅を広げる貴重な経験となった一方で、会社が人生のすべてであるかのような生き方に疑問を感じ始めた時期でもあった。それは、アジア生活の中で現地の人たちの自由でたくましい生き方に触れたからだ。

タイで私の運転手を務めてくれた男性は、シンガポールへの異動が決まった私にこう言った。

「どうしてシンガポールなんかに行っちゃうんだ？　バンコクで飲み屋でもやったら楽しいよ」

「じゃあ、君はその店のマネージャーになるか？」と返したら、彼はこう言ってきた。

「マネージャーなんか嫌だよ。俺は旦那の運転手やって、気楽に生きる方が楽しいよ」

こんなにも自由な人生観があるのかとショックを受けたのを覚えている。

また、シンガポールで出張者を連れて行くことが多かったスナックのチーママのたくましさにはいつも感心していた。彼女は中国系シンガポール人で、幼い時に母親を亡くしたこともあり10代で水商売の世界に入ったという。学歴はないが、商才はある。今では自分の店を持ち、更にラーメン店やマッサージ店などの新しいビジネスも展開している。

世の中には、会社に縛られない、たくましくて楽しい生き方があることを知ったことは、私自身の人生観に大きな影響を与えた。

トヨタの意思決定の仕組みを学んだ二度目の商品企画部

2005年—2008年

2005年の1月にアジア駐在から帰ってきた先は、再び商品企画部。しかし、今回は入社以来初の豊田市勤務だった。

二度目の商品企画部では、日本企業の代表、トヨタ自動車の仕事の仕組みを十二分に体験させてもらった。開発部門、生産部門、企画部門、営業部門、経理部門、人事部門等が集結した豊田市本社での仕事は、緻密《ちみつ》な合意形成の連続で進められていく。会議ごとに主催部署があり、出席役員が細かく決められている。重要な会議になると相当数の役員が出席するが、各役員への事前の説明、理解活動も丁寧に行われる。

会議において、提案部署は「承認」を得るために全力を尽くす。そのためには何が重要か、どういう準備があれば万全か、担当者は気が遠くなるほど丁寧な仕事が求められる。これには本当に鍛えられた。一般的な日本企業と同じく、トヨタも会議の数は多い。ただし、他社と大きく違うのはその進め方だ。極めてシステマティックに社内合意を形成していく仕組みは芸術的ですらあった。そして、いったん社内合意がされると、全社が一丸となって実行するのが強みでもある。

トヨタを離れてフリーランスになって以来、多くの会社と仕事をしたが、前回の打ち合わせ内容を忘れてしまったかのように、また一から議論を始めるような場面に遭遇することがある。トヨタではそんなことはほとんど起きない。一つひとつの会議に明確な目標が設定され、決定したことを会議の参加者全員が共有しているからだ。

入社20年目にして、トヨタのすごさを体感した。ここ数年、多くの製造業において品質偽装や不正検査の問題が噴出しているが、トヨタでは同種の問題はほとんど起きていない。豊田市本社の仕事を経験した私にはその理由が分かる。

一方で、ＩＴ系の巨人であるＧＡＦＡ（グーグル、アップル、フェイスブック、アマゾン）など、世界の新興企業のスピード感は日本の大企業とは全く違う。自動車産業もＣＡＳＥ…Ｃｏｎｎｅｃｔｅｄ（つながるクルマ）、Ａｕｔｏｎｏｍｏｕｓ（自動運転）、Ｓｈａｒｉｎｇ（カーシェア）、ＥＶ（電気自動車）という新しい流れに巻き込まれる中で、トヨタ自動車も変わらなければいけない部分があるはずだ。

そんな中で、豊田章男社長は「１００年に一度の変革期」という言葉を使い、社内の意識改革を進めようとしている。現役社員に聞いても、私の知っているトヨタは徐々に昔話になりつつあるようだ。その点も含めて、トヨタはやっぱりすごいと思う。

再び宣伝の世界に
トヨタマーケティングジャパンの立ち上げ

２００９年－２０１１年

商品企画部戻って３年ほど経ったある日、担当専務から「宣伝部を分社化する話が進んでいる。手伝ってくれ」と言われた。その専務は宣伝部部長の経験者で、社内外でアイデアマンとして知られた人物だ。まずは専務と相談しながら、組織の方向性を詰めていき、宣伝部の所属する国内営業部門と具体的な進め方を議論していった。

トヨタにおける社内合意形成や意思決定の仕組みが大変システマチックであることは先ほども書いたが、こと広告・宣伝の領域についてはトヨタのやり方が向いていないと感じることも多かった。特に広告の表現案については、剛腕担当者なら思い切った表現案でも関係各部を説得することが可能だが、そうでない場合は表現のつくり直しが頻発し、場合によっては発売時期に広告が間に合わなくなることにもなりかねない。それを避けたい広告代理店は、思い切った表現案を控えるようになり、結果として広告自体がつまらないものになる可能性があった。

宣伝部を分社化した会社の名前は「トヨタマーケティングジャパン（TMJ）」になった。分社化したことで、トヨタ自動車からの独立性を高め、営業部門には宣伝に余計な口出しをさせずに、今までできなかったような斬新な広告を打てるようになる、というのが設立の目的だった。そのためには、マーケティングやブランディングの議論で広告代理店と対等に渡り合える力が必要になる。

新会社の組織を検討するにあたっては、広告づくりに定評がある会社を訪ねてヒアリングを行った。特にブランドマネージャー制度を採用している資生堂、サントリー、日清食品の事例は大いに参考になった。


２００９年10月、ＴＭＪは立ち上がった。社長には、最初に私に声をかけてくれた専務が就任し、私はマーケティングディレクターとして、新会社の目的を社内に浸透させ、今までの宣伝部ではできなかった広告づくりを推進すべく全力を尽くした。

その成果の一つがＲｅＢＯＲＮキャンペーンという一連の企業広告だ。当時はかなり話題になったので記憶に残っている方も多いのではないだろうか。ＣＭ全体のディレクションはソフトバンクの一連の広告や、サントリーのＢＯＳＳ等、多くのヒット作を生み出し、２０２０年の東京オリンピックの開会式、閉会式も担当されるシンガタの佐々木宏氏にお願いした。

ドラえもんを使って、若者に「免許をとろう」というメッセージを発信するものや、北野武さんが豊臣秀吉、木村拓哉さんが織田信長に扮した時代劇版バージョン、東日本大震災からの復興をテーマにしたバージョンではマツコ・デラックスさんにも出演いただいた。

クルマの販売促進から一歩離れた大型の企業キャンペーンは、間違いなく従来の宣伝部ではできなかったことだ。


ＴＭＪの立ち上げから数年間の経験は私に大きな勉強をさせてくれた。

国内向けの宣伝の仕事は17年ぶりだったので、デジタル広告や新しいＰＲといった最新の宣伝手法を自分なりにも勉強し、その知識はその後担当したレクサスの仕事や、更には独立後の仕事にも大いに役立っている。久しぶりに仕事をした広告代理店の方々とも、ＴＭＪと広告代理店の関係について何度も議論し、そのときに知り合ったメンバーには今でも助けていただいている。

一方で、分社化することに対して、旧宣伝部のメンバーにはかなりの抵抗感もあったし、営業部門との役割分担や、ＴＭＪ自体のマーケティングスキルの向上についても必ずしも計画通りにはいかなかった。ＴＭＪ立ち上げと同時に私は部長級に昇進していたが、マネージャーとしての組織運営の難しさをずいぶん学ばせてもらった。

レクサスのグローバルブランディングを部長として担当

2012年―2016年

ＴＭＪの立ち上げから約3年が過ぎた。２０１２年3月から今度はレクサスのグローバル組織（レクサス・インターナショナル）の立ち上げを担当することになった。それまでトヨタ社内でレクサスの開発、デザイン、商品企画、広告・宣伝等の担当をしていた各部門の社員を集めて「社内分社化」し、１０００人弱の組織をつくろうという取り組みである。その中にグローバルブランディングの推進部署をつくって、レクサスブランドマネジメント部と命名し、私自身が部長に就任した。

レクサスは１９８９年にアメリカで立ち上がったブランドである。品質に定評のあるトヨタ車と一定の部品を共用しながら、更に高品質なモノづくりと、従来の自動車販売店舗の枠を越えた「おもてなしの接客」により、導入10年で米国の高級車市場でトップの販売台数を達成した。欧州、豪州、中近東、アジアにも順次展開し、２００

5年からは満を持して母国日本でも販売を開始した。

２０１２年6月にレクサス・インターナショナルは正式に立ち上がり、私が部長になったレクサスブランドマネジメント部の活動も開始された。立ち上げ時のメンバーは社内から集められた28名。トヨタ自動車の社内基準では「部」としては認定されない規模だったが、特例として認めてもらった。

立ち上げの際に、与えられた課題は「レクサスのイメージをもっとエモーショナルに変えてほしい」ということだった。豊田章男社長もレクサスブランドの強化に強い熱意を持ち、レクサス・インターナショナルは社長の直轄組織となった。

ステイタスのメルセデス、スポーティなＢＭＷ、知的なアウディといったライバルに対して、レクサスは高い品質と販売店舗でのおもてなしを売り物にしてきたが、高級車としてもう一段上のステージに行くためには、機能面を越えた「情緒」の強化が必要だと私自身も感じていた。

組織の立ち上げ直後から、具体的な施策の検討に入り、２０１３年の半ばから新しいレクサスブランドを訴求するブランディング活動が垂直的に立ち上がっていった。以下はその一例である。

●グローバルブランド広告

１９８９年のレクサス誕生以来初のグローバル統一のブランド広告。２０１６年末から約2年の間に合計4種類の広告が制作された。特にバックトゥザフューチャーに登場したホバーボード（宙に浮くスケートボード）を実写で再現したバージョンは世界的に大きな話題を呼んだ。

●ブランドスペース　〝INTERSECT BY LEXUS〟

２０１３年８月、南青山にレクサスが経営するカフェ・レストラン「ＩＮＴＥＲＳＥＣＴ ＢＹ ＬＥＸＵＳ」がオープン。現在はニューヨークとドバイにも展開している。

●レクサスデザインアワード

若手のデザイナーを中心に、毎年１０００作品を超える応募から入選作品を選び、実際の作品制作までをサポート。完成した作品は世界最大のデザインイベント「ミラノサローネ」のレクサスブースで展示される。

●レクサスショートフィルム

世界中から有能な若手監督を発掘し、ハリウッドの優秀なスタッフをつけてショートフィルム（短編映画）を制作し、世界各国の映画祭へのエントリーもサポートする活動。

●匠のマーチャンダイジング（Crafted for LEXUS）

日本の「匠の方々」に新しいレクサスのイメージに似合う作品を彼ら自身の感性で制作してもらう活動。販売は前述のINTERSECT BY LEXUSで行う。

●究極の食イベント〝Dinning Out with LEXUS〟

2013年10月から始めた「食」のイベント。世界で注目される一流シェフやクリエイターを招き、2日間限定の野外レストランを日本各地で展開する企画。

●ラグジュアリーなドライビングレッスン〝LEXUS Amazing Experience〟

レクサス車の走行性能を体感してもらうためのドライビングレッスン。自らの運転技量の向上に加え、サーキットでのプロドライバー同乗試乗では時速250㎞を超える極限体験もできる。

●商品広告のトーン変更

グローバルなブランディング活動の開始に合わせて、日本国内向けの商品広告のトーン＆マナーについても大幅な変更を行った。

同時期に行われた新商品の導入とこれらのブランディング活動によって、調査上でもレクサスのブランドイメージは明らかに変わっていった。高品質やおもてなしだけではなく、ＣＯＯＬ（かっこいい）と感じてくれる人が増加したことで、30代、40代といった比較的若い層での販売も増加し、販売台数の底上げに大きく貢献した。

レクサスでの仕事は、私がそれまでトヨタで学んできたマーケティングの集大成であるとともに、新しい経験の連続でもあった。自動車業界の枠を越えた多くのマーケッター、クリエイターの方々と出会い、アドバイスをいただいたことで、ラグジュアリー領域のマーケティングについての知識が格段に上がった。50歳を過ぎて仕事を通じて自身の成長を実感できたことは本当にありがたかった。

レクサスでの経験を基にして、独立後に通ったビジネススクールでご指導いただいた田中洋先生（中央大学ビジネススクール教授、日本マーケティング学会前会長）と共著でラグジュアリーブランディングの論文も書かせていただいたし、時々ご依頼いただく講演についても、その半分以上がレクサス担当時代に学んだラグジュアリー市場のブランディングについてである。

一方で、その頃になると私も役職定年の55歳が見えてきた。40歳を超えた頃から考えていた「定年前に会社を辞めて独立したい」という計画の実行について、決断の時が迫ってきていた。

「君は、役員になれない」

レクサスの部長になってから、「次は役員ですね」と言ってくれる人もいた。部長への昇格は同期社員の中でもかなり早かったので私自身も期待していた部分もあるが、問題は「独立」との関係だ。役員というのは自身の実力だけでなれるものではない。

直属上司や関係役員の応援があってこそだ。もし役員にしてもらって1、2年後に「会社を辞めます」となると、その方々に迷惑がかかるかもしれない。

当時のトヨタには、「役員昇格年次」というものがあった。「来年は〇〇年入社の人から役員が出ますね」というようなことだが、多くの企業でも同じようなことがあるだろう。

私の入社年次だと２０１４年１月が最初の年だったが、この年は同期から役員は出なかった。２０１５年は同期から役員が出たが、私に声はかからなかった。

２０１５年の３月だったと思う。私が長年お世話になっていた役員から呼ばれて、こう言われた。

「君は役員になれない」

その役員は私が昇格できない理由も説明してくれたので事情は理解できた。（決して強がりではなく）残念という気持ちはなかった。役員という栄誉はサラリーマンとして誇るべきことだが、自分の人生のゴールは別に持ちたいと考えていたからだ。

出世だけに興味があるなら、仕事のやり方は変わると思う。

私の父親はあるデパートの副社長まで務めた人だったが、会社に入った頃の私に次のようなことを言った。

「出世だけを目標にしてたらつまらん会社人生になるぞ」

スポーツの世界では才能と努力でほぼ結果が決まるが、サラリーマンの出世はそれ以外のいろいろなことに左右される。出世を最優先に生きてきて、出世できなかった人間には何も残らない。上司ばかりを見るのではなく、若い社員やパートのおばちゃんも楽しく働けるようにしてあげるのが上司の役割、やりがいなんや……というような話もしてくれた。父とは仕事の話はあまりしなかったが、この言葉は私の会社生活の基本になっていた。

役員から話をしてもらった時、私は53歳と3カ月。節目だと思っていた55歳まであと2年を切っていた。

独立の準備が始まった

55歳までに会社を辞めて独立しようと思っていたが、仕事の内容についてはまだ断片的なイメージしかなく、その際の収入の目標についてもあまり考えていなかった。

ロールモデルは一応いた。私より20歳近く年上のトヨタの大先輩で、宣伝部や商品企画部の経験者だったが、自動車市場への造詣の深さと抜群の頭の良さは誰もかなわなかった伝説の人物である。その方は、40代で退社、独立されて、時々トヨタ関係の仕事もされていた。私自身も何度も教えを乞うたことがある。

一方で、私の場合は自動車市場というより、マーケティング領域全般で世間のお役に立ちたいという想いがあった。そのためにも独学で勉強してきたマーケティングをちゃんと勉強し直したいと考えていたし、ビジネスだけでなく大学教員のような仕事もしてみたいと考えていた。しかし、このことを誰に相談していいのかも分からない。要するに、会社の中にいると自分の商品価値というものが分からないのだ。若い頃に言われた「会社の看板を取ったら、君に価値などない」という言葉が頭をよぎる。

それ以前に、会社をどうやって辞めるのかも知らないし、退職金がいくら出るかも知らないし、年金がいつからいくらもらえるのかも知らないし、健康保険とかがどうなるかも知らないし、個人事業主とはどうしたらなれるのかも知らない。とにかく何も知らないのだ。

この本を読まれているサラリーマンの方も大差がないのではないだろうか。会社に勤めていると何でも会社がやってくれるのに慣れてしまう。

まずは、いろいろな人と会って相談をした。

同じように定年前に会社を辞めた人には、「どのようにして会社を辞めたのか、今はどんな仕事をしているのか？」を、今まで仕事でお世話になった人には「私が辞めたら何かお役に立つ仕事はあるのか」を、長年自営業をやっている人には「税金や年金などのお金のこと」を中心に聞いた。

知り合いではないが、顧問紹介会社にも連絡して面談してもらったが、自身の客観的な商品価値を知るにはいい情報をもらえたと思う。

そんなことをやりながら、半年ほどが経過し、２０１５年の10月に上司に退職する旨を伝えた。人事部は「来年６月のボーナスを受け取ってから辞められた方がいいですよ」と言ってくれたので、正式退職日は２０１６年の７月12日になり、有給休暇の消化を含めると実際にはゴールデンウィーク開けが最終出勤日となった。

トヨタにはチャレンジキャリア制度というのがあり、定年前に退社、転職すると退職金が加算される。今までもこの制度を活用した部長クラスはいたようだが、フリーランスになる前例がなかったようで、人事部の担当者の方にはご苦労いただいたようだ。

日常業務をやりながら後任部長への引継ぎや退職の手続き等で、最後の数カ月はあっという間に過ぎた。多くの方に送別会をやっていただいたが、最終出勤日にオフィスを出る際に、レクサスの部下だけでなく、同じフロアにいる他部署の方々からも立ち上がって拍手で送っていただいたことは今でも忘れない。

退職に向けた日々の中で、サラリーマンの独立や、老後の生活に関する本をいろいろと読んでみた。定年前後からの生き方についてはどの本も大変参考になるのだが「会社の辞め方からしてよく分かりません……」という私のニーズに応えてくれる指南書は見つからなかった。

そんな私の経験もふまえて、次章以降では３つの視点から「会社を辞めて独立するためのノウハウ」をまとめた。ぜひ参考にしていただきたいと思う。

第3章

50代で会社を辞めるための10の心得

この章では「50代で会社を辞めるための10の心得」として、会社を辞めてフリーランスで生きていくために会社員時代から心掛けておいた方がいいことを整理した。○×形式で向き不向きを表してみたので、自らの独立適性を診断する際の参考にしていただけたら幸いだ。

また、第4章では「独立する前にやっておくべき20の行動」と題して、独立すると決めた時にやっておくべきことを、「1年以上前」と「1年以内」の2つの時間軸で実務的に整理した。

さらに第5章では「フリーランスで生きるための15の知恵」をまとめてみた。会社員とフリーランスの仕事のスタイルはかなり違う。自己管理や顧客との付き合い方などについて、フリーランスとして一歩先を歩んでいる現時点までの経験から導き出した私なりの意見である。

心得1

○ 辞められる人は、40代までに自分の専門分野が固まっている
× 辞められない人は、社内事情には詳しいが専門分野を持っていない

「専門分野を持ったエキスパート」たれ。これが一つ目の心得だ。

ただし、「専門分野しか分からない」で通用するのは、技術系の研究者のような人だけだ。その点は気をつけたい。

企業に勤める大きなメリットは個人だけではできない様々な分野の経験ができることだ。若い時に多種多様な仕事を経験し、30代半ばぐらいからは専門領域で実績を上げ、40代後半からはその領域のマネジメント的立場で組織の指揮、運営を行っているというのが一つの理想像だ。

つまり、ジェネラリスト的要素を兼ね備えたエキスパートが望ましい。これは私自

身の反省も踏まえたアドバイスだ。私の場合はトヨタでの経験がマーケティング分野、特に広告宣伝やブランディングに偏りすぎている。営業や事業計画の知識があれば、今のビジネスの幅をもう少し広げることができたのではと日々感じているからだ。

日本の会社、特に文科系はジェネラリスト志向が強い。入社以来、多数の部署を経験し、社内に多くの人脈を持っているような人材が望ましいとされる。日本の労働市場の流動性がこれまでずっと低かった理由もここにある。

大企業の元役員が顧問派遣会社に登録しても、販路紹介のような仕事しか来ないので辞めてしまったという話をよく耳にする。従来型の企業で偉くなった人が、一歩外に出たら商品価値があまりないというのはよくある話だ。ある派遣会社の方いわく、中途半端な元役員より、専門知識のある部長や課長クラスの方が圧倒的にニーズがあるとのことだった。

とはいえ、社内で全く出世を目指さなくてもいいかというとそうでもない。

出世競争だけに貪欲になる必要はないが「いずれ独立するのだから、出世する必要はない」と考えるのも間違いだ。ポストが上がれば責任のある仕事が回ってくるし、人脈も広がる。会社員時代のタイトルは独立後もずっとついて回る。

要は、単に「出世したい」ではなく「将来は○○分野のプロになり、部長職までは行きたい」といったプランを自身で考え、上司や人事にそのプランに沿った相談をすればいいのだ。トヨタにいた時、私は毎年提出する自己申告書に「将来はマーケティング分野の部長として活躍したい」と記入していたし、会社はそれに応えてくれた。

前にも書いたが、最近の日本企業は均質で汎用性のある社員を育てる「メンバーシップ型」から、個人の専門性を重視する「ジョブ型」にシフトしてきている。これからは自身のキャリアプランを積極的に聞いてくれる会社も多くなるはずだ。

心得2

○ 辞められる人は「会社からノウハウを盗む」と考える
× 辞められない人は「仕事はお金のため」と割り切る

相撲の世界では「土俵の下には金が埋まっている」というが、どんな会社にも独自のノウハウが埋まっている。自分の会社の財産を仕事を通じて盗まないのはもったいない。

時間外に自分の判断で仕事をするのも自己投資の一部だ。ワークライフバランスも大事だが、自身の財産になるのであれば「ワーク」の意味も違ってくるだろう。「仕事はお金のため」と割り切って会社で得られるノウハウを軽視するタイプの人は独立して成功するのは難しいと思う。

私はトヨタから本当に多くのことを学んだ。広告宣伝における実務は書き切れないほどある。また、本質的な思考方法は商品企画部時代に学んだことが大きい。

当時の商品企画部では調査結果をいろいろな角度から分析、議論を重ねる「左脳的思考」と、いつもマーケットトレンドを敏感に感じてヒラメキを待つ「右脳的思考」の両面を勉強させてもらった。

独立後、数多くの企業から仕事の依頼をいただいているが、トヨタでの経験に基づいた分析資料は喜ばれ、高い評価をいただけることが多い。

私の後輩でトヨタのノウハウをビジネス化して成功している浅田すぐるさんという方がいる。私より20歳ほど若いので直接の面識はないが、『トヨタで学んだ「紙一枚！」にまとめる技術』というベストセラー本の著者で、企業研修やコンサルティングでも活躍されている。「紙一枚にまとめるための技術」そのものは浅田さんご自身がつくられたものだが、その背景には、浅田さんがトヨタで学ばれた思考方法や社内説明の技術があることが分かる。先輩社員の仕事の進め方やつくった資料をご自身で調べ上げて身につけたノウハウを「見える化」した努力は相当なものだと感心した。

生きた教材が目の前にあるのにそれを盗まないのはもったいない。どんな会社も市場価値があるからこそ企業として存続しているわけで、学ぶべきことが一つもないような会社はないと思う。大企業や新進気鋭のベンチャー企業だけでなく、古くから続いている一見地味な会社にも学べることはあると思う。ただし、本当に何も学ぶものがない、または自分が独立したい方向とは違うノウハウしかないと感じるのであれば、思い切って会社を変わるという選択もありだろう。

心得3

○ 辞められる人は、オフタイムでも専門分野の勉強は欠かさない

× 辞められない人は、年を取ってまで勉強したくないと考える

自身の商品価値を上げるためには、自ら進んで勉強することが絶対に必要だ。

私がマーケティングを学ぶきっかけになったのは商品企画部時代に会社が用意してくれたゼミ活動なのだが、それがきっかけとなって自分なりにマーケティング関係の書籍を読むようになった。ネット記事ももちろん役に立つが、自身のバイブル的な本を一冊は持っていた方がいい。私の場合は有斐閣の『現代マーケティング』（嶋口充輝、石井淳蔵著）で、マーケティングの入門書として必要にして十分な内容が網羅されている。最新の書籍やネットの情報をチェックしつつ、バイブル的な本をときどき読み返すことでまた新しい発見がある。

フリーランスになってから仕事をする相手は一般のビジネスマンがほとんどだ。求められるのはかっこいい横文字の連発ではなく、基本的なことを分かりやすく伝えることだ。その上で、最新の情報を教えてあげるとさらに喜んでもらえる。

ビジネススクールに通うのも一案だ。日本のビジネススクールは欧米と違ってそれ自体がキャリアアップにつながるものではないが、本で読んだことを確認し、論文を書くことを通してより深い知識を身につけることができるし、幅広い年齢層の人間が集まって利害関係のない議論を行うことで、異業種の情報を深く知る機会にもなる。

異業種交流会のような集まりにも一度は行ってみるといいだろう。いわゆる「意識高い系」の人が集まって表面的な人脈を広げていく場という感じがしないでもないが、少なくとも知り合いは増えるし、同じような独立志向を持つ人と出会う可能性もある。

心得4

○辞められる人は、自腹を切っていろいろな人と会う

×辞められない人は、知らない人と会うのは苦手で躊躇する

人脈というのは、自然にできるものではない。時には自腹を切って会食等の機会を設けよう。そして、その際に重要なのは「もう一度会いたい」と思ってもらうことだ。

「髙田さんは人脈が広いですね」とよく言われるが、知り合いの絶対数は特段多いわけではない。それなりの企業に勤めていると、たいていの人に一度は会ってもらえる。しかし、その出会いが「人脈」になるかどうかは自分次第だ。相手の方から一方的に何かを得るだけではダメだ。こちらからも相手に何かプラスになるものを与えられなければ二度目はないと思った方がいいだろう。

この「相手のプラスになること」とは何だろう。

「この人と話していると勉強になる」「この人に聞けば、いつも新しい情報が手に入る」と思われればもちろん素晴らしいことだが、それほどまでにレベルの高い人間にはなかなかなれない。また、自分の知識ばかりをひけらかす人はむしろ嫌われる。

「この人と会ってると面白いな」と思ってもらう程度を目指そう。それならそれほどハードルは高くない。その点で言えば趣味の広い人というのは人脈づくりには有利だ。相手の趣味を聞き出して、あなたの友人の中から同じ趣味の人を紹介して一緒に会うのもいいだろう。私の場合は、小学生時代から漫才師になりたいと本気で考えていたほどなので、人を笑わせるのは得意だ。単に「楽しかったですね、また会いましょう」でもいいではないか。

フェイスブックのようなＳＮＳも積極的に活用したい。ただし、ＳＮＳは人脈を広げるというよりも維持するツールだと考えた方がいい。年中挨拶を交わし合っているようなものなので、長らく会っていなくても気軽に連絡が取れるのはありがたい。ＳＮＳの浅くて広い人脈も、それなりには役に立つ。

心得5

○ 辞められる人は、相手の会社の規模や肩書にこだわらずに仕事をする
× 辞められない人は、会社の威を借り、強権的に仕事を進める

世の中は、結局は人間関係で回っている。会社という組織を離れた後に、しみじみと実感するのが人間関係の大切さである。

私の場合も、独立直後に仕事をくれたのは会社員時代からお世話になっていた広告代理店、印刷会社、旅行会社の方々だった。会社員時代の取引先は、独立直後からクライアントになってくれる可能性がある大切な方々である。

取引先の担当者が独立後の仕事の相談に乗ってくれるかどうかは、仕事の能力だけでなく、会社を超えた人と人のお付き合いができているかどうかにかかっている。相

手が困っているときに親身になって相談に乗ってあげてきたか、できる範囲で助けてあげたことがあるかどうか。それまでの行動の一つひとつが重要なのだ。

イヤな奴だが仕事上で仕方なく付き合っていた場合は、その人が会社を辞めたら、できればもう会いたくないと思うのが人情だろう。多少優秀な人でも、仕事をお願いしようとは思わない。会社の威を借りて強権的に仕事を進めるようなタイプは、独立には向かない。今までの付き合いもあるので話は聞いてくれるだろうが、慇懃無礼に断られるのがオチだろう。

独立後の次のステージは、前職では取引関係のなかった新規の顧客との仕事を増やすことだが、ここでも大事なのは人間力、人間の品格だ。

前職の地位や立場をいつまでも引きずったり、ひけらかしたりしてはいけない。相手が若い担当者だったり前職の企業よりも小さな規模の会社だったりしたときに、上から目線で接する人がいるが、それは絶対にやってはいけない。大企業の管理職経験者は無意識にそういう態度が出ることがあるので、十分に気をつけたい。

心得6

○辞められる人は、上司の無理難題よりも部下の意見をよく聞く
×辞められない人は、上司の忖度ばかりして、部下を疲弊させる

50代での独立は前職の会社といい関係を保つことが大変重要だ。独立後に「外注先」として契約をしてくれる会社もあるし、前職の会社との商談を紹介してほしいという相談が来ることもあるだろう。そんな時には前職時代の部下との関係が非常に重要になる。

誤解をしてほしくないが、辞めることを前提に若者に媚びを売れということではない。元来、上司と部下の関係は業務の意思決定上の役割分担であって、封建時代の殿様と家来のような身分関係の上下とは違う。今の時代は上司と部下であっても、個人

同士としては尊重しあうことが人間関係の当然の基本なのだ。

それを理解できない上司はパワハラ問題を起こしてしまう。（身分が上の）上司には媚びへつらい、（身分が下の）部下には無理難題を押し付けるのが当然だと思っている。日本の会社では、この手の人間の上司評価が高かったりするから困りものだが、後からしっぺ返しを受けることもある。

私の知り合いで、部下に大変厳しい人がいた。傍から見ても、指導というよりはイジメの領域に見えた。彼が役職定年を迎えて関連企業に出向することが決まった時、出向先を探す部署の室長はかつて彼にいじめられた人物だった。結局、その人は非常に不本意な出向先に出されることになってしまった。

「若い人には優しくしとかんといかんね」

しみじみとそう言っていたのが今も耳に残っている。

50代で独立を考えた時には、かつての上司はビジネスの第一線から引いてしまっていることも多い。結果的に頼りになるのはかつての部下の世代なのだ。自分の出世のために部下を踏み台にしてきた人を助けようとする仏様のような人間は多くはない。

また、フリーランスになると仕事の合間の話し相手がいなくなり、孤独な時間が増える。そんなときに昔の部下が連絡してきてくれたり、食事につき合ってくれたりするのはとても嬉しいものだ。独立してから「もっとちゃんと部下の面倒をみておけばよかった」と後悔しても後の祭りだ。

心得7

○辞められる人は、若い連中から新しい情報を学ぶ
×辞められない人は、昔の自慢ばかりする

独立してフリーランスで仕事を始めると若い人と話す機会が格段に増える。どんな会社でも、窓口になってくれる担当者は若い人であることが多いからだ。担当者の上司でも、自分より年上であることはめったにない。ベンチャー企業だったりすると社長以下、社員全員が私より20歳以上年下だったりもする。そんな中で、いつまでも上

から目線の頑固おやじでは、独立後の仕事を円滑に進めることなどできない。

「最近の若い奴らは……」なんてつい言ってしまう人は本当に要注意だ。特に、我々の世代で嫌われるのは「バブル自慢」である。俺らの若い頃はもっと遊んだ、無茶もした、それに比べて最近の若者は真面目過ぎて面白くないなどといった自慢話だ。

若者からすれば「アンタらがそんなことやってたから日本はこうなってしまったんだ！」「若い世代は大変なのに、アンタらは逃げ切れていいよな！」と思われていることを知っておいた方がいい。時代が変わっているのに昔の感覚が抜けきれずにいる連中は気分よく水に入っていたカエルが、気がつけば水が沸騰していてゆでガエルになってしまうことになぞらえて「ゆでガエル世代」などと呼ばれている。

いつの時代も若者は新しい情報を持っている。時代遅れにならないためにも若い人たちの意見に耳を傾けることが絶対に必要だ。同世代の連中と会うのも楽しいが、入ってくる情報量や刺激のレベルは若者とは比較にならない。多くの若者と実際に会って、コミュニケーションを重ねると「最近の若い奴は」なんて言葉は出てこなくなる。我々の世代以上によく勉強もしているし、将来のこともしっかり考えている。自分自身への投資を惜しまない人も多い。

独立を考えるならば、会社にいるうちから社内の若者たちとおおいに付き合い、彼らの考えを勉強しておくことをお勧めする。私の場合は、「永遠の28歳」を自称し、カラオケに若い連中を連れ出して、イマドキの歌を披露するような「努力」もしている（彼らにとってはこれも迷惑なのかもしれないが……）。

心得8

○辞められる人は、デジタルコミュニケーションに抵抗がない
×辞められない人は、すぐに電話をかけたがる

若い人たちはあまり電話をかけない。最近は仕事でもメールではなくSNSによるコミュニケーションが急速に広まっている。年配者の中には「大事な用件は電話で伝えるべきだ」と言い張る人もいるが、そんな人には大事な情報はいつまで待っても入ってこないだろう。

以前、「今日、会社を休みます」という連絡をＳＮＳでするのは是か非か？　という議論があった。私は今の時代ならそれもありだと思う。できれば「今日は体調が悪いので会社休みます。必要であれば電話を入れます。よろしくお願いします」ぐらい書いてくれれば満点だとは思うが。

とにかく、今や電話をかける時にはＳＮＳで「これから電話してもいいですか？」と断りを入れるのが常識なのだ。ＳＮＳは我々の時代の電話以上の存在だと理解しておくべきだ。

私は普段メッセンジャーを使っている。ＬＩＮＥも使うが、同年配にはフェイスブック利用者が多いので、若者から年配まで共通で使えるところがいい。電話をかける場合も通話料無料のメッセンジャー電話を使っている。

複数の人間でチームを組んで仕事をする場合もメッセンジャーやＬＩＮＥでグループをつくってそこで意見を交換する。それぞれの発言が記録されるから、遡って確認することもできるし、うまく使えばいちいち会議で集まるといった手間が省ける。

また、最近は、遠隔会議にスカイプを使うことも当たり前になってきた。個人的には顔が見えなくてもいいと思うので音声会議ができれば十分なのだが、「スカイプで会議しましょう」と言われたときにどぎまぎしないように、つなぎ方くらいは知っておきたい。

私のＩＴリテラシーは同世代の平均的レベルだと思う。この項の私の文章がよく理解できないという人は、独立前にデジタルツールの勉強は絶対にしておいた方がいい。

心得9

○ 辞められる人は、他人のことは気にせず、自分の生き方を大事にする（自分基準で生きる）

✕ 辞められない人は、同期の出世や同級生の給料などをやたらと気にする（比較級にこだわる）

独立してフリーランスとして生きるとは、企業社会に縛られた価値観から外れることだ。

「○○が課長になりそうだ」「同期のトップで部長になるのは誰だろう」「あの人は今回も難しいらしい」

会社員時代は、昇格発表の時期になると飲み屋での話題はそんな話ばかりだった。50代にもなれば同期から役員になる人も出てくる。日経新聞の人事欄を眺めていると、私と同年齢で大手企業の社長に就任する人もいる。これ自体はすごいなあとも思う。

ただし、独立してフリーランスになるということは、今までの価値観（比較級）を捨てて、新しい価値観（自分基準）で生きていくということだ。自分自身の決断でフリーランスになっておきながら、大会社で順調に出世していく人を妬み、前職の会社の人事情報を見て「なんであいつが役員になったんだ」みたいなことを酒の席で愚痴っているのは非常にカッコ悪いではないか。

価値観を、変えよう。

大企業の社長になったとしても、後世まで名を残す人などほんの一握りだ。会社員時代は交際費で銀座のクラブで飲んでいたとしても、送迎付きで名門ゴルフ場でプレーをしていたとしても、会社を辞めてしまえばただの人だ。

50代で会社を離れて独立するということは、一足先に「比較級」から足を洗って「自分基準」の価値観で生きる決断をするということだ。どうしても銀座のクラブで飲みたければ、自分で稼いで行けばいいだけ。その程度の金を稼ぐのは頑張れば不可能ではない。

心得10

○辞められる人は、「将来やりたいことがあるから」辞めたいと考える
×辞められない人は、「今の仕事がイヤだから」辞めたいと考える

仕事や会社がイヤになって辞めたいという人は多い。しかし、それだけが理由なら辞めない方がいい。いや、辞めてはいけない。

「今の仕事は俺には向いてない」

「今の社内での人間関係が嫌で仕方がない」

百歩譲って辛い気持ちを理解するにしても、そういう時には冷静な判断はできないものだ。一拍おいて気持ちを落ち着けてほしい。

会社を辞める決断をする最適なタイミングは、仕事や会社がイヤになった時ではなく、むしろ仕事がうまくいっている時だ。

私のような会社を辞めた人間のところには「会社にいるのがイヤになりました」「辞めたいのですが、どうすればいいでしょうか」といった相談が少なからず来る。そんな時、私が必ず確認するのは「イヤになった」以外に辞めたい理由はあるかということだ。50代で会社を辞めて70代まで働くとすれば、まだ20年近い仕事人生が残っている。一時だけの感情で決めるには長すぎる年数であり、後になって後悔しないように冷静な判断が必要だ。まずは「やりたいことがあるかどうか」が重要なのだ。

「将来やりたいことがある」と「今の仕事がイヤ」の比率は最低でも1：1であるべきで、できれば「やりたいこと」の比率はもっと高い方が望ましい。「やりたいこと」が先にあって、「会社がイヤになった」「仕事がイヤだ」が最後のきっかけになるくらいがちょうどいい。

私が今まで受けた相談の中で、一番応援したいと思った人の例を紹介しよう。フリーランス志望ではないが、大変ワクワクする相談だった。

彼はある大企業の管理職で十分に出世もしている。役員になれなくても関係会社などに十分安定したポジションを用意してもらえるだろう。仕事は新規事業の開発で、社内でも注目のプロジェクトを担当している。

しかし、彼のやりたいことは、自分の故郷（地方の小規模自治体）を良くしたいということだった。既に彼なりのビジョンもあり、まずは市会議員になって、将来は市長に立候補したいというのだ。そのために今やっている仕事は必ず役に立つと考えている。

私は素晴らしいと思った。地方都市の政治の世界は難しいことも多いと思うが、「ぜひ応援したい。マーケティングが役に立つかどうかは分からないが、お手伝いしたい」と答えた。

皆さんの「やりたいこと」は何だろう。それを一度考えてみてはどうだろうか。

サラリーマン生活の中で「やりたいこと」を見失ったり忘れてしまったりしているなら、一度、子どもの頃の夢を振り返ってみるといいかもしれない。そこにリタイア後の生き方のヒントが見つかるかもしれない。

子ども時代、何になりたかった？

ベストセラーになった『定年後』（楠木新著／中公新書）を読んでいると「小さい頃に得意だったこと、好きだったことが、次のステップのカギを握っているケースがある」と書いてあった。子どもの頃を思い出すと、自分が人生において本当にやりたいことが分かるということだろう。

私自身の子ども時代を振り返ってみよう。

幼稚園の頃になりたかったのは漫才師だった。私が生まれたのは奈良県生駒市というところだが、幼稚園から帰るといつもテレビで吉本新喜劇を見ていた。いつかは自分も吉本興業に入ってテレビに出たい、それが当時の夢だった。

小学生になると、野球に夢中になって、阪神タイガースの選手になりたいと思うようになった。その頃の阪神タイガースのエースと言えば江夏豊。小学生だった私は家の前の道で、毎日壁に向かってボールを投げながらいつかは甲子園のマウンドに立ちたいと本気で思っていた。

その次は、なんと歌手だ。郷ひろみ、西城秀樹、野口五郎の三人が「新御三家」と呼ばれた時代。私は放課後の教室で机をステージにして、ヒデキの歌を振り付きで歌うのが得意だった。漫才師、野球選手、歌手……、全く支離滅裂もいいところだが、要は人前に出て目立つのが好きな「出たがり」だったということだ。

そんな「出たがりの関西人」は、小学校6年生で東京の武蔵野市に引っ越して、（自分で言うのもなんだが）中途半端に成績も良かったので、多摩地区の中高一貫校から大学に進学し、何となく父親と同じサラリーマンになるのかなあ…と思うようになっていった。結果的に、トヨタ自動車に入社したわけだが、この「出たがり」は社内運動会やクリスマスパーティの司会で大活躍。友人の結婚式の司会も20回以上はやった。50歳を超えて部長になってからも、イベントで、レースクイーンと並んで司会をやったことがある。見学に来た役員がずいぶん驚いていた。

振り返ってみると、今更ながらではあるが、「実はサラリーマンにはなりたくなかったのではないか」と思った。子ども時代を振り返ったおかげでそのことが分かったのだ。

今はフリーランスになり、マーケティングの仕事をしているが、講演の仕事が一番楽しい。漫才師、野球選手、歌手になるのは今からは難しいが、若者にマーケティングやブランディングの楽しさを教えるような仕事にはこれからもチャレンジしたいと思う。数年すれば還暦なのに、そんな夢を抱けるのも会社員を辞めたからこそ手にした特権だと思う。

皆さんも「小さい頃に得意だったこと、好きだったこと」を思い出してみてはどうだろうか。

第4章

独立する前にやっておくべき20の行動

退職の1年以上前にやっておくべき10の行動

1 安易な「起業」は考えない
～50代の独立は過度なリスクはとらない～

本書では、「起業」は勧めない。50代からの独立は、新たな事業を興す起業家になるよりも、今までの経験や知識を活かして個人でフリーランスとして生きていくことを基本にした方がいいと考えているからだ。自分の事務所を税法上の法人にするのは構わないが、あくまでも「個人」でやっていくということだ。

若い世代に連続的に事業を起こす「シリアルアントレプレナー」と呼ばれる起業家の方々がいる。私も、今20代だったら挑戦してみたかったと思う。

しかし、実際は50代だ。50代以降の独立が若い人たちの挑戦と決定的に違うのは、失敗から学ぶ時間が残されていないことだ。退職金をつぎ込んで勝負に出て、それで成功をつかむことができればいいが、その確率は決して高くはない。30年以上の会社員生活の結果として手にした退職金を失ってしまうようなことになったら悲劇以外の何物でもない。

会社組織にするか個人事業主にするかはケースバイケースだが、いずれにしても個人（プラス若干のパートナー）で働くというスタイルで考えるべきだと思う。特に飲食業のようなレッドオーシャンに入っていくことは絶対に避けた方がいい。蕎麦打ちがやりたければ、完全に引退してから趣味としてやるのが賢明だ。

2 自分の強みと弱みを整理する
～自分自身の棚卸しから始めよう～

会社を辞めようと考え始めたら、まずやることは自分の商品価値を整理することである。マーケティングを少しでも勉強したことがある人なら、ＳＷＯＴ分析という言葉を聞いたことがあるだろう。ＳはＳｔｒｅｎｇｔｈ（強み）、Ｗは

Ｗｅａｋｎｅｓｓ（弱み）、ＯはＯｐｐｏｒｔｕｎｉｔｙ（機会）、ＴはＴｈｒｅａｔ（脅威）を指す。この４つの指標で自分自身が置かれている状況を整理してみよう。

①ＳとＷ　自分の強みと弱み

ＳとＷはあなたの無形資産（＝対外的な商品価値）を正（強み）と負（弱み）の両面から評価するものだ。ただやみくもに書き出すのも難しいので、整理するにあたっては次のような手順で考えてみよう。

Ｓ（Ｓｔｒｅｎｇｔｈ）…強み

これまでの会社人生を通して獲得した、人よりも優れていると思えるスキルと知識をできる限り具体的に書き出す。例えば、漠然と「マーケティング」と書くのではなく、統計分析が得意だとか企画書の作成能力が高いというふうに、細かく書くのがいい。語学力もＴＯＥＩＣ７５０点程度以上なら書き込む価値があるだろう。

また、会社の業務以外で得意とする領域がある場合はそれも加えよう。私の場合はゴルフクラブの知識がこれに該当した。腕前はたいしたことはないが、クラブの知識については玄人並みの自信があった。ある時、偶然にゴルフ雑誌の方とお話をする機会があり、そのご縁で独立後にゴルフ雑誌の連載の仕事をいただいた。

W（Weakness）…弱み

フリーランスで仕事をしていくと仮定した場合、どんなスキルが不足しているのかを冷静に考えておこう。少し難しい作業ではあるが、フリーランスとして働いている日常を自分なりに想像してみるといいだろう。

一般的に、会社員が独立して最初に困るのは、経理や税金関係だ。私の場合も、個人事業主として青色申告をやろうにも、税金の知識が全くなくて途方に暮れたものだ。また、年配者に多いのがデジタルスキルの不足だ。大企業で管理職をやっている間は「ＳＮＳなんて分からない」で済むかもしれないが、フリーランスとして生きていこうと思ったらそれでは通用しない。ＩＴリテラシーの低さは大きなハンディキャップになる。

また、几帳面さに欠ける、人づきあいが苦手といった行動面の弱みもあれば挙げておこう。性格を変えることは難しいが、自分なりのルールを決めれば見かけ上の行動はある程度修正することができる。

②OとT　自分のビジネス領域の機会と脅威の観点から展望する

OはOpportunity（機会）、TはThreat（脅威）だ。これはSとWより難易度が高いが、ぜひ挑戦してほしい。

まず、フリーランスとしてビジネスの対象にしたい業界について、将来のトレンドを整理する。「グローバル化」「少子高齢化」「デジタル化」「環境問題」のカテゴリーで、その業界にどんなことが起こりそうなのかを整理してみるといいだろう。現在はどの業界もこの4つの軸を中心に動いていると言っても過言ではないからだ。

O（Opportunity）：機会

時代が変わることで強みがより生かせるチャンスがないかを考える。例えば、中国駐在の経験があり、自身の前職と近い業界が中国市場への進出を競っている場合は大きなチャンスになる。また、高齢者向けビジネスの経験があれば、シニア市場が拡大する中で、これまでの経験や知識が業界を越えて重宝されるかもしれない。可能性が低いと思うことでも、とにかく書き出してみることだ。

Ｔ（Ｔｈｒｅａｔ）…脅威

フリーランスとして仕事を始める前からことさら脅威を感じる必要はないが、自身の強みが近い将来通用しなくなるような危惧があれば書いておく。

例えば、ソロバンのスキルが計算機の導入で価値がなくなったようなことだが、現代であれば、近い将来にＡＩで置き換わるような特技が当てはまるだろう。

現代は、時代の流れがとても速い。退職してから数年で業界の状況が一変してしまうこともあるだろう。ＳＷＯＴ分析を年に一度行うことで、自分自身の商品価値をアップデートしていくことが重要だ。

会社員時代は、組織の中で求められる役割を演じていればよかった。しかし、会社から独立した後は、自分の強みと弱みを知り、今後の市場変化の中で自分の商品価値がどう生かせるのかを考えておかないといけない。

次の頁には私自身のＳＷＯＴを入れておいたので参考にしてほしい。

髙田のSWOT分析

Strength（強み）	Weakness（弱み）
◆マーケティング、ブランディングの専門知識 ・実務経験に基づく市場分析能力、企画書作成能力 ◆広告・宣伝領域の専門知識 ・広告制作～メディア戦略の経験、知識 ◆プレゼンテーション能力 ・見やすいプレゼン資料の作成と分かりやすい説明能力 ◆その他 ・ゴルフクラブについての玄人レベルの知識	◆財務、経理の知識 ・マーケティングの先にある経営計画の作成能力が弱い ◆ITリテラシー ・一定レベルの知識はあるが、最新ツールは使いこなせない ◆スケジュール管理能力 ・場当たり対応は得意だが、計画的な業務運営ができない
Opportunity（機会）	**Threat（脅威）**
◆ブランディングへの興味が高まる ・廉価な輸入製品に対して、ブランディングで対抗したい日本企業が増えている ◆中小企業における広告ニーズの高まり ・デジタルコミュニケーションの普及により、中小企業でも広告出稿ができる環境になりつつある ◆企業に広がるアウトソーシングの流れ ・内製化重視から外部の知見を活用するアウトソーシングを推進する企業が増加	◆競合業者の増加 ・人材派遣市場が拡大し、マーケティング関係でも個人コンサルタントを開業する人間が増加する可能性がある ◆景気後退リスク ・景気後退が拡大すれば、コスト削減ニーズが高まり、マーケティング予算の削減、外注費用の見直しが行われる可能性がある

3 身近なロールモデルを探す
～具体的な仕事をイメージする～

ＳＷＯＴ分析で自己分析ができれば、次はロールモデルになる人を探してみよう。身近に「独立後、こんなふうに働けたらいいな」と思える人がいればその人に時間をもらって相談するのが早道だ。もしも身近に見つからない場合は、知り合いに紹介をお願いしたり、それでも無理ならＳＮＳを使って探したりするという手もある。今の時代、フリーランスで生きている人は大勢いる。手を尽くせば誰かは見つかるはずだ。

ただ、漠然と「会社を辞めたい」というだけではアドバイスする側も困ってしまうだろう。会う前に相談したいポイントは整理しておこう。

私の場合、ロールモデルにした人物は二人いた。広告代理店出身のＹ氏と外資系コンサルタント会社勤務のＷ氏だ。

広告代理店出身のＹ氏の専門分野はマーケティングで、独立後の仕事も私のイメージしているものと比較的近い。仕事面でのロールモデルといえる存在だ。私の能力をよく理解した上で、クライアントとの契約の仕方や、講演をする際の料金設定などについて、かなり細かくアドバイスしていただいた。

W氏はコンサル会社に勤めながら小さな会社を経営していた。私にとっては経営面のロールモデルである。ビジネスを行う際の収入と支出の関係、経費の考え方、税金等、金銭面で気をつけることをこと細かくアドバイスいただいた。

現在の私の仕事は、ほぼこのお二人のアドバイスを参考にして考えたものである。やはり持つべきものは友人、いやロールモデルである。

4 人材紹介会社で自分の価値を探る
～自身の市場価値を確認しよう～

独立を考えているならば、自分の客観的な評価を確認するために人材紹介会社の面談を受けてみることをお勧めしたい。フリーランスを前提に考えるならば、転職紹介ではなく、「顧問派遣」の会社がいい。

現在、多くの顧問派遣会社があり、退職した人材を主に中小企業の「顧問」として仕事に応じて一カ月に何日か派遣する仕事をしている。報酬の相場は、一日当たり5

万〜10万円だという。ただし、登録するには面接があるし、顧問として雇ってもらうためには企業の面接をパスする必要がある。

顧問人材へのニーズも近頃では変化しているようだ。以前は大企業の役員経験者が、中小企業オーナーの相談相手になったり、販路を紹介したりする仕事が多かったが、今はより専門的な知識を持った人材に、現場で実務のサポートをしたもらいたいという要望が強くなっているらしい。そういう意味では、本書が読者として想定している50代で独立したい方々との親和性は高いはずだ。特に、大手企業の人事や経理系の管理職経験者は、中小企業で活躍の場が多くあるだろう。

私自身も、トヨタを退社する前に顧問派遣会社の担当者と会ったことがある。面談では自分の専門分野や希望する仕事内容について話すわけだが、第三者に理解してもらうのは案外難しいということが分かったし、自分自身の頭の整理にもなった。面談後に担当者から多くの話が聞けたのもありがたかった。自分のような人間に対してどのようなニーズがあるのか（あるいは、ないのか）がよく分かった。残念ながら中小企業においてはマーケティングや広告宣伝の専門家に対するニーズは少ないとのことだったが「髙田さんは話が上手なので、孤独な経営者の話し相手としての可能性があります」と言われたのは参考になった。

紹介会社を通じて契約した場合は、会社側が支払う報酬の半分から3分の2程度は紹介料として差し引かれることになるが、自身で営業活動をするコストを考えると仕方がない。フリーランスの第一歩として登録してみるのもいいと思う。

5 副業を始めてみる
～副業は独立の練習になる～

副業を始めてみるのもいい。フリーランスの予行演習として大変有効だし、うまくいけば、独立後のビジネスにできる可能性もある。まずは自身の専門知識を生かした業種がいいと思うが、専門分野以外でも興味があるならやってみればいいと思う。さまざまな会社の価値観や考え方を知ることは独立後も役に立つし、結果として会社を辞めなかったとしても、その経験は会社での仕事に生きてくるはずだ
日本企業は副業をもっと積極的に解禁すべきだ。元来、従業員と会社は対等な雇用契約を結んでいる。会社が新規事業に乗り出すときに従業員の許可が要らないのと同

様に、従業員が自社以外の場所で働くことを縛る権利はないと思う。ダイバーシティが活力になるというのならば、副業をもっと推奨してもいいぐらいである。

副業でハイブランドのドアボーイをやっている友人がいる。元々は印刷会社にいて、今は映像制作やＶＭＤ（ビジュアルマーチャンダイジング）を本業にしているが、ドアボーイをやっていると各ブランドの顧客対応の仕組みが分かってくるらしい。そのノウハウを蓄積すれば、新しいビジネスにつながる可能性があるかもしれない。

仮にあなたの会社が副業を禁止している場合は、無給でもやる価値はあると思う。副業を会社に秘密でやることは難しい。副業で収入を得ると、所得税は翌年の３月末までに確定申告をすることになるが、その後、あなたに代わって会社が住民税を収める際に、会社からの収入に加えて副業による収入が会社に通知されるからだ。

ただし、「無給」なら問題ない。正確に言えば会社には分からない。ただし、無給といっても活動費を受け取ることはできる。交通費や顧客と会食しながら打ち合わせした費用などは、経費として受け取れば確定申告の必要がないので会社には分からない。

私の友人で、副業社員だけで業務を請け負う会社を立ち上げた人物がいる。登録している人の中には副業禁止の会社の社員もいるが、上記の方法で「無給」で働いている人も多い。お金より経験を得たいという人が増えているのはいいことだと思う。

6 今の会社と退職後も契約できそうかを探る
～双方がうれしい外注契約～

独立後に、今の会社と外注契約を結んで仕事することができるかを会社に在籍している間に探っておきたい。これは、今後のフリーランスの働き方のトレンドになるのではないかと私は考えている。

その理由は、高齢社員を65歳まで雇用し続けるよりは、「仕事内容も社内事情もよく分かっている元社員」として外注する方が会社側にもメリットがあるからだ。個人としてのメリットは言うまでもない。元の会社と契約ができれば独立直後から安定収入が得られるし、安心して新規顧客の開拓にも臨める。退職を考え始めたら、信頼できる社内関係者と相談してみるといいだろう。

広告業界では、社員が独立したのちも同じ仕事を外注先としてやっている例は珍しくない。私のロールモデルとして紹介した元広告代理店勤務のＹ氏もそのスタイルで働いていた。旧来的な企業が「会社を辞めた人に仕事を外注する」という例はまだないかもしれないが、内製化からアウトソーシングへの流れが進めば、このようなケースは今後増えていくだろう。雇用の流動化が進む中では、一から人を育てるより経験があるプロに外注する方が合理的だからだ。

7 取引先と契約できそうかを探る
～最も身近な顧客候補～

次に、取引先の会社と独立後に仕事ができないかを探ってみたい。特にあなたの会社が「発注元」である場合には十分に可能性があると思う。取引先の方々がまず知りたいのはいわゆる社内情報だろう。もちろん社外秘の情報は絶対に口外してはならないし、最悪の場合は会社から訴えられる場合もある。

では、どんな情報に価値があるのか？　あなた自身がたいした意味を感じていない情報も、実は社外の人にとっては貴重なものであることが多いのだ。

例えば、

・**各部署の具体的な業務内容は？**

取引先は窓口部署の業務は分かっていても、その他の関係部署の業務がよく分かっていないことが多い。仕事によっては、窓口部署以外へのアプローチが有効な場合もあり、知り合いを紹介するだけでも十分に価値がある。

・**決定権者は誰か？**

社内で意思決定のカギを握っているのは誰か。それが分かればその人との関係を深めるために会食などをアレンジしてほしいという話になることも多い。

・**担当役員の趣味は？**

つまらないことだが、役員同士でつながりを持ちたいときには、この手の情報も役に立つ。

これらは社内にいたら誰でも知っているような情報だが、外では意外な価値を持つことがある。また、取引先が前職の会社に提案する際の書類チェックなども重宝がられるケースがあるだろう。

ただし、この手の仕事には賞味期限があることも認識しておかないといけない。退社して数年も経つと、人事異動や組織変更などがあって、情報は古くなってしまうからだ。

退社して数年経っても、継続して元取引先から仕事を受注したいなら、（社内情報だけでなく）業界全般の情報を常にフォローし、「その分野のプロ」でいつづけることが必要だ。私の場合は、自動車業界の情報には常に気を配り、有識者と会食の機会を設けて話を聞くことをつづけている。ビジネススクールでは自動車業界関係の論文も書いた。最近の自動車業界は大きな変革期にあると言われており、意見を聞かれることも多いからだ。

結果として、私のトヨタ自動車社内の情報は徐々に古くなっているが、自動車業界関連の知識は現職時代より豊かになっている。そのおかげで自動車会社の担当者が集まる勉強会のアドバイザーのような仕事をいただくこともできた。

前職の会社のライバル会社との仕事も選択肢の一つにはなる。私も他の自動車会社でマーケティングの講義を行ったことがある。退職時に結ぶ秘密保持契約に反しない範囲であれば問題はないのだろうが、気をつけたいのは元の会社との関係だ。あらぬ噂を立てられて「出入り禁止」となってしまうのは避けたいので、仕事の内容について吟味した上で慎重な判断が求められるだろう。

8 お金の相談ができる人を探す
～経営の仕組みを教えてもらう～

独立に際して誰もが一番気になるのが「お金」のことだろう。売り上げをどのように上げていくかは次章で述べるが、まず押さえておきたいのは支出、特に社会保険や税金のことだ。

例えば、独立して個人事業主になると基本は国民健康保険に加入することになる。ただし、退職後も企業の健康保険組合に2年間の任意継続ができる。収入が一定額以上の場合はその方が有利だ。３年目以降は国民健康保険に移行しなければならないが支払金額が月額８万円程度になる場合もある。

税金についても、サラリーマンはあまり深く考えたことのない人が多い。考えたところで取られるものは取られるからだ。しかし、個人事業主になると基本的な税金の構造についてもよく知っておかなければならない。

個人事業主が支払う税金は所得税（税率は所得により変動）、住民税（収入の約10％）、事業税（収入の約３～５％）となるが、それぞれに控除（基礎控除、事業主控除）が適用される。

税金を考えるときにサラリーマン時代と大きく違うのは「経費」が認められることだ。サラリーマンにも給与所得控除があるが、それ以外の控除はなかなか認められない。一方、個人事業主はビジネスを行う際に必要な費用（事務所経費、交通費、交際費等）は経費として認められ、所得から控除される。特に事務所経費についてはきちんと理解しておきたい。自宅を事務所に使う場合は、マンションの減価償却費、ローンの利子、光熱費等は経費として認められるし、車の購入費用、修理代、車検費用なども必要に応じて経費として計上することができる。

ここに記したのはあくまでも一例である。税金の話はややこしいので、まずは自分で勉強し、専門家のサポートを受けよう。私の場合は3つの方法でなんとか攻略した。

①とにかく本を読む

個人事業主向けの税金の本はたくさん出版されている。とにかくやさしそうなものから順番に3冊程度、購入して読んでみよう。

②個人事業主の知り合いに聞く

本を読んで一定の知識が身につけば、知り合いの個人事業主に、疑問に思っていることを聞いてみる。自分たちも苦労してきたから、きっと丁寧に教えてくれるはずだ。

③人脈をたどって税理士または公認会計士を探す

私の場合は前述のロールモデルであるW氏が公認会計士でもあったので助けてもらった。ただし、確定申告までお願いするとしたら、相応の報酬を支払って仕事としてお願いしよう。数字に強ければ自分でできないわけではないが、本業の時間を確保することの方が大事。税金のことは専門家へのアウトソーシングを活用するのが賢明だ。

9 退職時の資産を知っておく
〜意外と知らない退職金の金額と受け取り方〜

「このまま会社に残ったら、あとどのくらいの収入があるのか？」

「今辞めれば退職金はいくらなのか？」

この質問に即座に答えられるサラリーマンは少ない。私の場合も、退職を決めるまで、自分の退職金がいくらになるのか認識していなかった。

企業によっても違うが、最近では退職金の一部を「確定拠出年金（いわゆるＩＤＥＣＯ）」で運用している会社も多い。ＩＤＥＣＯってなんだっけ？　と思った方は、最低限の知識ぐらいはネットで調べておこう。

また、早期退職制度がある会社なら、退職金に加算される金額も調べておきたい。大手企業では１０００万円以上上積みされるケースも少なくない。社員として抱えていれば毎年の給与に加え、社会保険料も負担しなければならないので、高額の加算金を支払ってでも早く辞めてもらった方がありがたいからだ。早期退職を考え始めたら早期退職制度の条件（対象年齢、加算金額）をよく調べておいた方がいい。

私はあと6カ月長く勤めていれば、企業年金が5年早く、55歳から支給されたことを退職届を提出した後に知った。金額にして約500万円。退職を6カ月も遅らせる気はなかったが、これが1カ月だったら後悔しただろう。

10 独立後のライフプランを考える
〜働き方と収入のイメージを持つ〜

独立にあたっては、自分なりのライフプランを持たないといけない。会社を辞める時期だけでなく、何歳まで働くのか、そして（65歳までは仕事に集中するとしても）65歳以降をどうするかも考えてみよう。

〈いつ会社を辞めるかを決める〉

「会社を辞める日」をいつに設定するか、これが独立に向けた最初の関門だ。今から役職定年年齢（多くの会社では50代半ば）の間で自分なりに考えればいい。役職が外れると、任される仕事のレベルが落ちる。新たな刺激を伴う学びの機会も激減するだろう。「閑職」「窓際」になってしまった後では、世間的な商品価値も下がってしまう。

退職時期を決める上で最も大事なのは「現場感覚」があるうちに再スタートを切ることだ。顧問紹介会社の担当者の話として、顧問紹介を始めた当初は大企業の元役員クラスを中小企業に紹介するのが中心だったが、最近ニーズが高まっているのは専門知識のある部長・課長クラスの人材だという話を紹介したが、これは今後、多くの方々に独立のチャンスが出てくることを示唆している。

サラリーマンとして50歳を過ぎたら一度冷静に会社内での自身の将来を考えてみるべきだ。役員コースに乗れそうで、それを喜びと感じるならその道を邁進するのもいいが、なれる人数も限られているし、役員になれば幸せとは限らない。

私の場合は、退職の最終期限を55歳に置いていた。結局、退職したのは54歳７カ月。退社を申し出たのはその９カ月前、53歳10カ月の頃だった。ギリギリのタイミングだったと思う。

フリーランスの仕事を軌道に乗せるまでには一定の期間は必要だ。独立が還暦近くになるとかなり遅いと思う。実際、私はこんなことを言われたことがある。

「60歳過ぎた人から最新のマーケティングって言われてもピンときませんよ」

自分自身はいつまでも若々しい気持ちでいても、世間の視線は思った以上に「年齢」に厳しい面もある。55歳を超えたら徐々に独立のハードルは高くなるだろう。

〈いつまで働くかを決める〉

フリーランスに定年はない。働こうと思えば何歳まででも働けるし、反対に早々にリタイアすることも可能だ。今後のライフプランを考える上では「何歳まで働くか」を考えておくことも必要だ。

今は65歳まで会社で働くことができるようになった。この流れに乗って会社にしがみつくのも一つの手だが、その場合は会社を辞めた後に新たなチャレンジをするのは難しいだろう。70歳を超えた後も元気な限り仕事がしたい思う人は、早めに会社から離れるという選択肢を検討すべきだ。

私と同い年（1961年生まれ）以降の人の年金受給開始年齢は65歳だが、受給年齢を70歳まで繰り下げると、受給額は月額で42％増えると言われている。一般的なサラリーマン世帯で月額8万〜10万円程度の増額だ。

計算すると81～82歳まで生きた場合の総受給額は「70歳まで繰り下げ」した方が多くなる。現在の50代の方の平均寿命は男性83歳、女性88歳と予測されているので、平均以上生きるとしたら70歳まで繰り下げた方が得なようだ。その意味でも、これからは70歳までは働くのがいい選択のように思う。

〈5歳刻みの働き方を考える〉

「いつ会社を辞めるか」「いつまで働くか」を決めたら、５歳ごとに自分が何をやりたいかを書いてみる。特に65歳以前と65歳以降では働き方を変えてみるのもいいかもしれない。

一例としてはこんな感じだ。

①今～60歳

第二の人生をスタート。まずは独立後の仕事を軌道に乗せる。

最初の数年間は前職時代のスキルや人間関係をフルに活かしてビジネスを軌道に乗せたい。フリーランスになってどのくらい稼げるのかを見極める時期でもある。

過度に焦る必要はないが、必死でがんばらないといけない時期だ。

②60歳～65歳

フリーランスとして収入を維持、安定させていく。会社に残っていたら再雇用で収入は半減する時期だが、フリーランスとしてはバリバリの現役として働ける。会社に残った連中からは「羨ましがられる存在」になる。

③65歳～70歳

やりがい、生きがいへのシフトを考える時期。

週休3日にして、「やりがい」「生きがい」を中心とした仕事に絞り込んでいく。収入は65歳以前の半分程度でもいい。

④70歳～75歳

人のために生きる。

年金を受給しつつ、仕事は頼まれたらやる。「人のためになる仕事」は続けたい。

〈収入の試算〉

以上のことをふまえて、お金のことを具体的な数字で考えてみよう。まずは左記の３通りの場合の生涯年収を概算で計算してみよう。

①会社を辞めないで60歳定年、65歳まで再雇用で働いた場合

―60歳定年までの収入（役職あり期間＋役職定年後）

―退職金

―60歳以降の再雇用の時の収入（会社によるが、定年前年収の半分程度）

②定年前に辞めて、65歳までフリーランスで働いた場合

―退職金＋早期退職割増金

―フリーランスになって以降の収入（65歳まで）

③定年前に辞めて、70歳までフリーランスで働いた場合

―退職金＋早期退職割増金

―フリーランスになって以降の年収（65歳まで＋65歳以降）

①はある程度正確に見積もれるので、フリーランスになった場合、それと比較してどの程度の収入を得れば会社に残った場合の収入を超えることができるかを②、③でシミュレーションできるはずだ。ただし、税金、社会保険料の違いや、フリーランスの場合は経費計上がどの程度できるかによって実収入はかなり異なるので、あくまでも目安程度と考える。

「夢を実現するにはまず書いてみることだ」と言われる。描いたライフプランが実現できるかどうかは分からないが、何のイメージも持たずに会社を辞めることはできない。あなたが独立を考えているならば、自分なりのライフプランを一度書いてみることをお勧めする。自分なりに納得できたら、いよいよ独立に向けた準備に入る時だ。

退職の１年前からやるべき10の行動

1 家族への説明
「まずは妻を安心させる！」

退職の意思が固まったら家族に相談しよう。既婚者の場合特に重要なのは妻の理解を得ることだ。突然「会社を辞めたい」と言い出したら、妻は大きな不安を抱くだろう。老後の生活不安が世間を騒がす中で、お金の問題は大きな不安材料だ。毎月入ってくる定額給与に慣れている身としては、それが突然なくなることはかなりショックなはずだ。

前述の「独立後のライフプランを考える」を参考にして、あなた自身の計画を話してみよう。独立計画が一時の思いつきでないことを分かってもらうことが必要だ。

退職金、貯蓄状況や住宅ローンの残債、将来の年金受給見込み等も含め、お金のことは理性的、論理的な説明が必要だ。「会社を辞めても路頭に迷うことはない」ことが理解できて、30代の子育て世代が起業するのとは違い、50代からの独立（フリーランス）は一定の安全圏にいることが分かれば妻も少しは安心するだろう。現在の会社や取引先等から既に前向きな感触をもらっていればそれも話せばいい。

私の場合、妻は意外なほどすんなりと応援にまわってくれた。子どもが大学を卒業、就職していることも大きかったと思うが、私のチャレンジを気持ちよく認めてくれた妻には大変感謝している。

フリーランスになった後は、自宅が仕事場になることが多い。家庭のストレスは大きな障害になるので必ず乗り越えておきたい。どうしても納得してくれない場合は、独立して成功しているロールモデルから応援コメントをもらうのも一案だ。

いずれにしても、サラリーマン家庭の夫が会社を辞める、ましてや独立するというのは大事件だと理解して動くべきだろう。

2 いつ辞めるのか？「会社に迷惑をかけない！」

一般的な会社の場合、規則上の退職申し出は3カ月程度前でいいことになっていると思うが、責任ある立場にある人であれば、もう少し前には上司に相談すべきだろう。特に後任人事には十分な配慮が必要だ。

この点について私は反省すべき点があった。私の退職日は２０１６年の7月で、上司に退職を申し出たのは9カ月前の２０１５年の10月だった。部長級の人事異動は毎年12月に内示されるが、その時点ではほぼ異動の調整は終わっていたので後任部長の調整で会社には迷惑をかけた。最終的には、1年前に他部署に異動していた元部下が後任の部長として戻ってくることになったが、あと数カ月早かったら他の人選もできたかもしれない。彼には迷惑をかけたと思っている。

会社によって違うだろうが、管理職クラスの人事異動は半年前くらいから検討が始まることが多いのではないか。人事調整が終わった後に退職すると、最悪の場合、後任を探すこともできず、ポストは空席のままということにもなりかねない。私自身の反省もふまえて人事異動のスケジュールにも配慮して退職の申し出を行ってほしいと思う。

そして、もう一つ大事なことは、しっかりと引き継ぎを行うことだ。社内の人事異動であれば、異動後も打ち合わせは可能だが、退職の場合はそうはいかない。個々の仕事の内容から、部下たちの人事評価まで、できるかぎり丁寧な引き継ぎを行う必要がある。

3 クライアント候補との相談
「具体的な仕事を決める！」

この頃になると、各方面と相談してクライアント候補が出てきているはずだ（逆に出てきていないと少し厳しいかもしれない）。具体的な仕事内容の相談を始めるにあたっては、相手の希望を聞くことから始めよう。

一番大事なのは、先方が「何をしてほしいか」である。先方に明確な業務イメージがない場合は、課題をヒアリングした上で、複数の課題に対し、自身の専門能力や人脈がどう生かせるかを「見える化」する。この際に生きてくるのがＳＷＯＴ分析のＳ（Ｓｔｒｅｎｇｔｈ）である。業務内容が見えてくれば、「１カ月の回数はどのぐらいなのか」「契約形態や、金額はどれぐらいか」といったことを詰めていく。窓口の方が最終決定権者でなければ、その方と一緒に上司の方に提案してみてはどうだろうか。

4 収入計画「3年間の目標を立てる！」

先ほどの「独立後のライフプラン」が中長期の計画とすれば、次は短期の目標をつくる。仕事も確定していない中で、３年先までの収入計画をつくるのは簡単ではないが、イメージとしては3年目まで徐々に収入を増やし、その後はそれを維持するイメージで書く。

①1年目の収入目標

１年目に契約してくれる会社は、現在の取引先など既に知己のあるところだろう。

まずはこれを固めていく。顧問紹介会社にもあたって、紹介してくれる会社がありそうなら契約に向けて相談しよう。ちなみに私の場合は、サラリーマン最終年の年収の半分程度の目途は立っていた。

②3年目の収入目標

3年目の収入目標は、フリーランスとして今後維持していきたい水準で考える。この金額から1年目の収入目標を引いた数字が、2年目、3年目で新規開拓していく金額である。具体的な開拓方法は後回しにして、まずは数字だけでも入れてみる。

私はサラリーマン最終年の年収の約8割に置いた。そのレベルで60歳以降も仕事ができれば、会社に残った場合の生涯年収を超えることができると考えたからだ。

これを基に、独立以降は「どんな会社に」「どんな仕事を」提案していくのかを考えてみる。「絵に描いた餅」でかまわない。まずは絵に描いてみないと具体的な活動イメージが湧いてこない。

5 仕事場をつくる
「まずは、自宅に仕事場を！」

フリーランスという働き方は、少し気を抜くと仕事とプライベートの境目がなくなってしまう。両者のメリハリをつけるためにも、仕事場をきちんと確保することはとても重要だ。しかし、あわてて外にオフィスを構える必要はない。よほど収入が増えるか、人を雇う必要が出てくる場合以外は、自宅内に仕事場を確保することをお勧めする。

私は、物置代わりになっていた部屋を仕事場にすることにした。一気に断捨離を行って、古い本や洋服を捨てまくった。捨て方のコツは「迷ったら捨てる」ことだ。過去のものを処分することで新しい生活を始める決意が固まる。すっかり片付いた部屋に小さな机を入れて仕事場をつくったことで「さあ、やるぞ！」という気持ちが盛り上がったことを今でも覚えている。

もしも自宅にスペースの余裕がない場合はシェアオフィスを活用する手もある。この手の施設は急速に増加していて、フリーランスだけでなく、一般の企業がサテライトオフィスとして借りるケースも多い。都心の便利な場所でも月額5万円程度で会員になれるようなので、調べてみるといいだろう。

自宅に仕事場を構えても、主要な取引先企業と距離が離れすぎている場合にシェアオフィスは便利だ。フリーランスになると外出先で次の打ち合わせまで時間が空くことが多い。そんな時間を常にカフェで過ごすのはなかなか辛いものだ。

ただし、この点については私には裏技がある。それはカラオケボックスだ。平日の昼間だと安いところだと1時間500円程度でドリンクバーまでついてくる。大声で電話しても文句も言われないし、もちろん歌いたければカラオケもできる。高級カラオケ店のパセラリゾーツなどは、会議室に使える部屋もある。便利な世の中になったものだと思う。

しかし、「一国一城の主」になったという思いから、小さなオフィスを借りたいと考える人もいるだろう。その気持ちは十分に理解できる。かくいう私も、2年目から都心に部屋を借りた。気分は良かったが、(経費とはいえ)毎月の家賃は結構な金額になった。

最終的には2年で解約し、郊外のマンションを売り、都心のマンションに買い替えた。仕事部屋は再びマンションの一室になったが、一人で働く分には何の問題もない。私自身の反省を踏まえてアドバイスするとしたら「オフィスはお金を生まない。もっと他に使うべきところがある」ということだ。

6 名刺を断捨離「使える人脈を絞り込む！」

これまでのサラリーマン人生で、何人と名刺交換をしてきただろうか。相当な数であることは想像に難くない。私も大量の名刺が会社や自宅に散在していた。整理が追いつかずにひどい状態ではあったが、とにかく捨ててはいなかった。数えたわけではないが、数千枚はあったと思う。

退職を前に、名刺の整理を行った。フリーランスの先輩に教えてもらって、私は次ページにあげた分類①、②に該当する名刺だけを選び出し、名刺管理ソフトに入力した。これは非常に理にかなっているので、ぜひ参考にしてもらいたい。

①名前を見て顔が思い浮かぶ人

多少のうろ覚えの人も入れれば、これだけでも数百人になるだろう。こちらが顔と名前を覚えているということは、先方も同じように覚えてくれている確率は高い。「以前お会いした○○です」と挨拶できる人脈は貴重だ。

②これからやろうと思っているビジネスに関係がある企業の方

顔と名前が完全に一致していなくても取引先候補になりそうな人の名刺はキープしておきたい。どこで会ったかも分からない場合はコンタクトしにくいが、かろうじて会った時期や理由などがイメージできれば、「○○株式会社にいた時にお会いした○○です」と連絡を取ることはできる。

これら2種類の名刺だけを残して、あとは全部捨てても構わない。①と②だけでも、多い人なら1000枚近く、少なくても200枚以上にはなるだろう。私の場合は、9割以上の名刺は捨てたが、特に問題を感じていない。

名刺を整理して絞り込んだ方たちに対しては、独立の挨拶状を送ろう。そこには、単に「会社を辞めます」「お世話になりました」だけではなく、独立の理由とフリーランスで何をやっていくのかを具体的に記すことが重要だ。

５００人の方に送って、そのうち１％でも反応があれば、５件のビジネスチャンスになる。会社人生の財産である名刺を活用しない手はない。会社を辞める前はバタバタと忙しいが、これだけはぜひやってほしい。

7 開業届を提出する「屋号を決めよう！」

このあたりまで来ると、もう後戻りは考えない。個人事業主の開業届を出して、会社員の肩書きを捨てよう。

フリーランスのスタートを切るためには、居住地の税務署に個人事業主の開業届を出す必要がある。会社をつくる際は社名（商号）を登録するが、個人事業主の場合も「屋号（私の場合は、Ａ．Ｔ．Ｍａｒｋｅｔｉｎｇ Ｓｏｌｕｔｉｏｎ）」の登録ができる。役職に「代表」とでも書いておくと、まるで会社の社長さんのようだ。

サラリーマン時代には税務署に行くことなどめったにない。私も少し緊張して出かけたが、実際の手続きは拍子抜けするほど簡単だ。税務署の受付窓口で「個人事業主の開業届を出したい」と言うと、書類が1枚渡される。それに記入して提出すれば完了だ。私が手続きをしたのは、当時の居住地の管轄であった練馬区西税務署。提出した開業届の写しをもらったときは、ちょっとした感動を覚えた。つい先日までサラリーマンだった人間が、いきなり「A．T．Marketing Solution代表」になったからだ。

会社組織の場合は「商号登録」が必要となるので、同一商号のチェックが結構大変だが、個人事業主の屋号は管轄の税務署内に同じ名前のものがなければ大丈夫。他の地域に同名の会社や屋号があっても登録できる。

私の屋号「A．T．Marketing Solution」は、名前のイニシャル（Atsushi Takada）と仕事内容（マーケティングで解決する）をくっつけたものだ。我ながらいい名前だと思っているが、よく「A．T．カーニーと似てますね」と冷やかされる。向こうはアメリカ・シカゴにある世界的に有名な経営コンサルティング会社だ。全く意図はしていなかったが、そういう話題になることも含めて「まあ、いい名前なんじゃないかな」と思っている。

開業届以外にも、年金の切り替え手続きが必要になる。厚生年金から国民年金に切り替えるのだが、これも管轄の年金事務所に行けば丁寧に教えてもらえる。健康保険については先ほども書いたが、退職後の２年間は元いた会社の健康保険組合への継続加入が可能だ。

8 フリーランスの2つの神器「名刺とプロフィールシートをつくる！」

屋号を決めたら、今度は名刺をつくる。名刺はフリーランスの第一の神器である。サラリーマンの場合は、名刺は「社名」と「役職」さえ伝わればＯＫだ。名刺のデザインや紙質がイマイチでも問題はない。一方、個人事業主の場合は、名刺交換の一回一回がビジネスチャンスだ。名刺の果たす役割は非常に大きいのでクオリティにはこだわりたい。

名刺は、今やネット経由で簡単につくることができる。デザインも書体も紙の品質も色合いも自由に選んで決められる。紙質にはさまざまなランクがあるが、あまりケチらずに高品質の紙でつくることをお勧めしたい。ちなみに私が現在使っているのは1枚当たり10円程度のものである。表面コーティングのオプションが2円なので、合計で名刺の単価は12円だ。５００枚単位での発注で６０００円。こだわって選んでもこの程度。節約しても、たかが知れている。名刺を受け取った人の多くが「いい名刺ですね」と言ってくれることの価値を考えれば、名刺の品質にはこだわった方がいい。

紙質だけでなくデザインも重要だ。サラリーマン時代の名刺を整理した際に「カッコイイな」「センスがいいな」と思ったものを参考にした。

屋号のロゴマークはネットで探したフリーのデザイナーに制作してもらった。価格はピンキリだが、安いところだと1万円以下でも請け負ってくれる。

たかが名刺、されど名刺。どんなにこだわってもたいした金額ではないので、フリーランスで生きていくなら名刺はいいものをつくるべきだと思う。

フリーランスの第二の神器は、プロフィールシートだ。企業に会社案内のパンフレットがあるように、個人事業主にも自身の経歴や仕事の内容を伝えるものは必要だ。名刺の裏に書くという手もあるが、小さなスペースにごちゃごちゃ書くのはデザイン的には見苦しい。また、前職の会社名や肩書などを新しい名刺に載せているというのもなんだか未練たらしいではないか。プロフィールシートは別につくった方がいいと思う。

プロフィールシートは、Ａ４の紙１枚（多くても２枚まで）にまとめよう。会社員として何をやってきたか、経験部署や役職、専門分野や得意分野などとともに簡単な自己紹介（趣味、特技等）を添えておくのもいい。打ち合わせで長々と自己紹介をするより、簡単に挨拶して、「詳しくは後で読んでください」とプロフィールシートを渡す方がスマートだし、メール添付で事前に送っておくこともできる。

名刺とプロフィールシート、この２つはフリーランスにとって重要なツールである。昔の名刺を整理した後に挨拶状を送る時点で、名刺とプロフィールシートが完成していて、すぐにでも会いに行ける準備ができているのが理想である。

9 退職金を運用する「安心して働くための原資を確保する！」

会社を辞めると退職金というまとまった金額のお金を受け取ることになる。ほとんどの人にとって、社会人になってから最も多額の現金が手元にある瞬間だろう。

住宅ローンなどが残っている場合は、一括返済してしまってもいいし、金利が高い時期に借りているなら、低金利への借り換えを金融機関に相談してみよう。ローンの借り換えについては退職してフリーランスになってからだと審査が通らないので、必ず退職の数カ月前にはやっておく必要がある。私は、そのことを知らずに銀行にローン借り換えの相談に行って、全く取り合ってもらえなかった。そのくせ退職金が振り込まれるとすぐに、同じ銀行から電話がかかってきて「退職金の運用はぜひ当行で」と言われて呆気にとられた。退職金の運用どころか引き落としの口座もこの銀行に任せたくないと思ったものだ。

退職金からローン残債などの必要な支払いを済ませたら、とりあえず運用に回そう。

ただし、このお金は独立後に安心して働くための保険になるので、投機的な運用はお勧めしない。

一般には、１００から年齢を引いた分のパーセンテージ（55歳の場合だと45％）を株式に回し、残りは債券を中心に元本割れのリスクが低いものがいいと言われるが、株式についても個別株よりもインデックス投信のような比較的安全度の高いものの方がいいと思う。独立直後は仕事に集中すべきで、個別株の動きを気にしている余裕はないからだ。

また、企業で確定拠出型年金をやっていた方は、60歳まではそのまま加入継続の手続きをするといい。月額６８００円までは収入から控除されるし、受け取り時に税金がかからないというメリットがある。

生命保険についてもこの機会に見直すといいだろう。既に子どもたちが就職している場合は高額の生命保険など不要だ。従来加入している保険も内容をよく確認して、余計な特約は切ってもいい。保険というのは、若い時に加入してずっとそのままという人も多いので、見直しするにはいい機会だ。

いろいろ言われても、こういう話は苦手であまり考えたくないという方は多いと思う。その場合はフリーランスの先輩に相談するのが早道だ。みんな自分の経験を喜んで教えてくれるはずだ。

10 独立後のご縁をつなぐ「お世話になった方に挨拶する！」

ここまで準備を進めてくると、後はもう会社を辞めるだけだ。具体的な行動を重ねる度に日ごとにやる気も高まってくるだろう。最後はお世話になった方々への挨拶だ。特に取引先の方々は、今後も相談に乗ってくれたり、人を紹介してくれたり、うまくいけば仕事をくれたりするかもしれない。熟年の独立は、これまでのご縁を生かし、そこから更に新しいご縁を広げていくことが重要だ。

挨拶の際には、単に「お世話になりました」ではなく、「前向きな退職であること」を伝えるのも大切。日本の社会では、まだまだ会社を途中で辞めることにネガティブな印象がある。私の場合もそうだったが、「会社で何かあったのではないか」と思っている人も多いはずだ。新たな仕事の内容や、将来のプランについて具体的に説明することで、応援してくれる人も出てくるだろう。

送別会を開いてもらえる場合もあるだろう。その際には、今までの感謝の気持ちを伝えるお礼の品程度は用意した方がいい。また、この人とは今後もお世話になりたいと思う相手には自腹で会食の場を設けることも検討しよう。

ちなみに、このような会食費用は実施日が会社在職中でも、個人事業主の開業準備費用として確定申告で経費処理できる。

第5章

フリーランスとして生きるための15の知恵

会社を辞めて、いよいよフリーランスとしての生活が始まる。これからはサラリーマン時代とはかなり勝手が違う世界だ。

朝起きて出勤しない生活に最初は戸惑うだろうが、時間の制約や組織の煩わしさから解放された自由さは学生時代に戻ったようだ。私自身はもうサラリーマンには戻れない。

一方、仕事環境の整備、スケジュール調整、経費の計算など、今までは人任せだったことを自分でやらないといけない。大変といえば大変だが、サラリーマン時代の社内調整の大変さに比べるとたいしたことではない。

長年企業で働いてきた人は、「看板」がなくなる心細さはあるだろうが、それは自由を得たことの裏返しでもある。（看板はなくなっても）50代の独立には若者にはない経験や人脈がある。そして前職での肩書や実績を利用して自己PRをすることに躊躇する必要もない。時には図々しさも必要だ。

この章では、組織人としてのサラリーマンを引退し、個人で働くフリーランスとして生きるための15の知恵を、私の経験に基づいてまとめたので、参考にしていただきたい。

フリーランスとして生きる7つの働き方

働き方 1 自分の値段を決める

フリーランスになって最初に戸惑うのは自分の「値段」の決め方だ。サラリーマン時代は、自分自身の仕事の値段がいくらかなど考えたこともなかっただろう。「安売りするな」とはよく言われるが、せっかくもらった話を断るというのも気が引ける。ここがなかなか難しい。

独立を決めた時、トヨタ時代の尊敬する上司から「まずは、来た仕事は全部受けろ」と言われた。（そんなにたくさん来たわけではないが）言われた通りに引き受けたところ、報酬額はまちまちだった。その理由は、発注する側の社内事情が異なるからだ。会社には予算があるし、今までの前例もある。ある金額以上は上位者の決裁が必要なのでこの金額以下でお願いしたいというケースもある。

そうは言っても「基準」は必要だ。「いくらでお引き受けいただけますか？」と言われて、「いくらでも」と答えては相手も困るだろう。そこで基準の決め方の参考例を紹介しておきたい。

一つの方法として、サラリーマン時代の年収を日割りにして自分自身の日給を出してみるといいだろう。例えば年収１０００万円もらっていた人なら、一年間の稼働日数を２００日と考えると日給は５万円になる。週に一度のコンサルティングなら月に4回で、月額20万円という「目安」を出すことができる。打ち合わせ自体は2時間程度かもしれないが、準備や調査などを含めると丸一日程度はその案件のために使う前提で計算すればいい。

「週に一度なら、月額で20万円はいただきたい」と、まずはこちらから提示してみる。先方に予算の上限があって「いや、月に10万円しか出せません」と言われたら、その場合は隔週（月に2回）にする。「月に30万円まで出せますのでもっと日数を増やしてほしい」と言われたら、その分回数を増やすか、別のサービスを提案すればいい。

ただし、月に2回でも4回でも、実際にその案件のために使う時間や手間は大きく変わらない。2回だから4回の半分の労力で済むということはないが、仕事をもらった以上は頑張ってやるということだ。

また、「安すぎる単価設定を最初にしてしまうと値上げするのは難しい」という意見もあるが、最初は安くてもいいので仕事を受けることを優先して、仕事が評価されたら次年度以降で値上げをお願いするのがいいと思う。

働き方 2 最初はもらった仕事は全部受ける

トヨタ時代の上司から「まずは、来た仕事は全部受けろ」と言われたと書いたが、ご本人の意図は「君を応援してくれる方々なのだから断ったりしないで全部やれよ」という意味だったと思う。独立してほぼ3年経ったが、その方針は今でも続けている。

一方、実際にやってみて感じるのは、いろいろな仕事を受けることで自分自身の知識の幅が広がる効果があることだ。仕事をいただきながら勉強させていただいていると感じることも多い。

いくつかの事例を挙げる。

一つ目はSNS広告の発注システムを開発している会社との仕事だ。

米国の金融機関でシステム開発をしていたエンジニアが起業した会社で、フェイスブックやツイッターで配信する広告をアルゴリズムを使って効率的に運用するシステムを開発、販売していた。依頼された仕事はこのシステムの販売戦略と販路の紹介だった。私は宣伝の仕事を長くやってきたが、そこまで技術的なことについての知識などなかった。提示された報酬は高くなかったが、勉強させていただくつもりでお受けした。

2年間一緒に仕事をし、結果としてこの分野の知識が大きく向上し、今まで知り合えなかった方々とのつながりもできた。大変感謝している。

二つ目は、レストラン出店計画のお手伝いをしたことだ。

「あるスポーツ選手がレストラン経営を考えているので一緒に考えてほしい」という相談が知り合いからあった。デジタル広告の配信システム以上に全く知識がない領域だが、「私のような素人でよければ」ということでお受けすることにした。

ご本人は東京での出店を考えていたようだが、私はリゾート地で期間限定で開業し、話題づくりをしてから東京で本格展開するという案を提案し、出店場所の選定や、レストラン運営会社の紹介まで行った。結果的には依頼主であるスポーツ選手が忙しくなり、計画自体が中止になったのだが、飲食業界についてずいぶん勉強することができた。

この案件についてもう一つ勉強になったのは「お金」の話だ。間に入った知人は、先方に成功報酬でやると伝えていたらしい。私は一定の企画費はいただくつもりでいたが、結果的に中止になったので報酬は謝礼程度しかもらえず、交通費も含めると利益はほとんどなかった。先方と気まずい雰囲気になったが、責任は私にあったと思う。きちんとお金の話をしないまま仕事を進めていたからだ。初回の打ち合わせで相手がお金の話をしない場合は、こちらから確認することが必要だ。いい勉強になった。

働き方 3 スケジュールの管理体制をつくる

フリーランスとしてそれなりに仕事が入ってくるとスケジュール管理をしっかりと

やらないといけない。サラリーマン時代は、社内会議の予定はスケジューラーに自動で入ってきて、社外の方との打ち合わせはアシスタントが管理をしてくれていたので、私は毎日言われた通りに動いていればよかった。もちろんフリーランスはそんなわけにはいかない。

空いている時間に打ち合わせの予定を入れすぎて、資料準備の準備時間が取れなくなったり、気分転換のつもりでテレビをつけたら、そのまま何時間も見てしまって仕事が進まなかったり、最悪は受けた仕事をスケジューラーに入れないまま忘れてしまうことだ。

私も大切な会食、打ち合わせをすっぽかすという大失敗を二度やっている。電話やメールで日程を確定した後に、自身のスケジューラーへの登録を忘れてしまったのが原因だった。

まずは、大変お世話になった広告代理店の方との会食。

「髙田さん、今どこ？」

夜の8時頃携帯電話が鳴った。電話の理由は一瞬で分かった。その方と会食の約束をしていた記憶があったからだ。急いで着替えて、タクシーに飛び乗り、六本木の店に向かった。当時は自宅が練馬で、仕事場が虎ノ門にあった。そのときは虎ノ門にいたのでよかったが、練馬の自宅に帰っていたら、おそらく会食は中止せざるをえなかっただろう。

もう一回は、長年お世話になっている会社の社長とのランチミーティング。12時半頃に仕事場で食事してると電話が鳴った。
「髙田さん、○○ですが、道が混んでるんですか」
平謝りに謝って、タクシーに飛び乗りレストランに向かった。道は全然混んでなかったが1時間の遅刻だ。社長は後ろの時間が空いていたので30分ほどお相手していただいたが、おいしいランチも食べた気がしなかった。

お二人にはその後も可愛がっていただいている。優しい方々でよかったと思う。
このような失敗もふまえて、私のスケジュール管理は徐々に改善されてきた。

現在は、仕事の内容を「メール・ＳＮＳ対応」「情報収集」「打ち合わせのための準備」「打ち合わせ（本番）」「ネットワークづくり」の5つのカテゴリーに分けて管理している。

毎日、午前中は新聞記事のチェックとメールへの返信を中心に行う。社外での打ち合わせは、だいたい一日に1～3回。空いた時間はいったんオフィスに戻るか、時間がない場合は喫茶店（または先ほど書いたカラオケボックス）で仕事をする。ただし、月曜日はオフィスで集中して仕事をすると決めて、基本的に打ち合わせは入れない。夜は会食が週に2～3回程度だ。

土日のいずれかは、たまった仕事や翌週の仕事の準備に充てることが多いが、一日は完全オフと決めて、趣味のゴルフなど、リフレッシュにあてている。

サラリーマン時代は朝9時から夕方6時頃まで会議や接客で埋まって、夜もかなりの頻度で会食が入っていた。それに比べる今の方が自分で好きに使える時間が増えたように見えるが、スケジュールの空白時間は打ち合わせの準備作業になるので、基本的には終日仕事モードだ。ただし、フリーランスがいいのは気分や体調によって自分自身でペース配分ができることだ（気を緩めるとダラダラと過ごしてしまうこともあるが……）。

スケジュール管理のために、パソコンとスマートフォンを連動させて自宅以外でもいつでも確認できるような仕組みをつくるのは絶対に必要だ。ＩＴに弱い人はまずここから始める必要がある。移動中に打ち合わせの依頼が入ったときにすぐにその場でスケジューラーに反映しないと前述したような失敗をしでかすことになる。

メールに打ち合わせ内容が記載されていれば、スケジューラーの説明欄に必ずコピーする。スケジューラーに予定だけ入れても、時間が経つと打ち合わせ内容が分からなくなることが多いからだ。口頭で約束した場合も必ず打ち合わせ内容を記入しておく。

取引先が2、３社程度であればスケジュール管理はそれほど大変ではないだろう。ただし、取引先の数が増えてきたり、スポット的な仕事が多くなったり、自分自身が間に入って複数者間の打ち合わせを調整したりし始めるとスケジュール調整だけでかなりの時間と手間が取られてしまう。そうなると打ち合わせの準備に集中できなくなり、仕事に支障が出始める。

知り合いにはアシスタントを雇っている人もいる。しかし、フリーランスにとって人を雇うのは大きな負担だ。給料以外に社会保険料の支払い分も含めると年間売り上げで1000万円以上あっても厳しいだろう。いったん雇ってしまうと、売り上げが減ったからといって簡単に「辞めてください」とも言えない。

一つの方法は身内に頼むことだ。奥さんにお願いする手もあるが、私の場合は妹にスケジュール管理を頼んでいる。勤務形態は在宅で、専用のPCと携帯電話を渡している。私のスケジュールとメールはすべて閲覧できる状態にして、打ち合わせの依頼が入ったらメッセンジャーで連絡を取り合って、彼女から先方に連絡・調整をしてもらっている。給与はもちろん払っているが、気心も知れているし、外部の方を雇うよりも便利。これは本当に助かっている。

働き方 4 メールとSNSはクイックレスポンスを心がける

個人で仕事をする場合、メールとSNSは生命線だ。最低でもLINEやメッセンジャーは使いこなしたいし、スカイプも必要に応じて活用した方がいい。サラリーマン時代は「俺はITが苦手で…」と言っていれば済んだが、独立するとITリテラシーの低さは低パフォーマンスに直結する。

特に、クライアント側の窓口になってくれる人は若い人が多い。彼らの世代はメールよりＳＮＳで連絡することに慣れている。私の場合も仕事の連絡の多くはＳＮＳになってきている。

サラリーマン時代は、ＣＣも含めると多数のメールが毎日届く。全部を読んでいたら仕事にならないと思って適当に無視する人も多いだろうが、フリーランスになるとメールの数は大きく減少する。ＣＣで入ってくる無駄なメールがなくなるからだ。そんな中、届いたメールやＳＮＳのメッセージはどれも大切に扱いたい。一つひとつの連絡には、迅速に対応することが重要だ。クイックレスポンスは、基本中の基本。私は毎日午前中にメールチェックの時間を設けた上で、移動中もスマートフォンで、チェックする。私の経験では50代のメール返信は総じて遅い！　フリーランスになったらそれではダメだ。小さなことのようだが、こういうことの積み重ねが信頼感につながる。

年配者の中には、大事なことはメールよりも電話で伝えるべきと言う人も多いが、「電話はよほどのことがない限りしない」というのが現代の常識だ。特に若い世代には注意が必要。緊急でもないのに電話ばかりしていたら「あのオヤジは突然電話してきてウザい」と言われるのがオチだ。私は電話で相談したいときは、SNSで「電話でご相談したいことがあるのですが、何時頃ならいいですか」と連絡するようにしている。

働き方 5 会食バンザイ！

フリーランスになって以降も、平均的には週に2～3回の会食予定が入る。打ち合わせを兼ねてというのもあるが、多くは楽しく食べて、飲んで、プラス情報交換という感じだ。フリーランスになると情報は勝手には入ってこないので、会食は貴重な情報収集の場なのだ。

クライアントとの定期的な会食も重要だ。1、2時間の会議では分からなかった問題や、新しい課題が見えてくる。お互いの趣味やプライベートのことも分かれば、何かと相談しやすくなる。現代においても、食事や酒の席で関係を深めておくことはさまざまな効能があるし、特に「人の縁」が命綱であるフリーランスにとって会食は「仕事場」でもあるのだ。

回数は、半年に一度以上はやりたいところだ。費用はこちらが負担（もちろん経費になる）するのがいいが、先方も払うと言ってくれれば一回ごとの交代でもいいだろう。サラリーマン時代に接待を受ける側にいた人は、宴席での振る舞いに注意が必要だ。特に先方の若い方に気を使い、積極的にコミュニケーションする。前職時代の話をするのはいいが、オヤジの自慢話は控えめにした方がいい。

お店については、いわゆる接待用の高級店である必要はない。今はもうフリーランスという立場だ。一人当たり数万円もするような店を使うことは難しいし、先方もそれは理解してくれるはずだ。できれば一人当たり５０００〜７０００円程度で、ゆっくり話せる店を何軒か探しておきたい。できれば個室がいいが、隣の席と適度な距離感があって、静かに話せる店ならいい。私の場合は、和食、洋食を各1店と、（私はお酒が飲めないが）お酒が好きな人のために料理も出してくれるバーを1店行きつけにしている。いずれの店もプライベートでも使えるレベルの店なので、連れて行った方々がその後ご自身でも行かれることも多く、クライアントからもお店からも感謝されている。

働き方

6

打ち合わせには手ぶらでは行かない

手ぶらでは行かない……といっても、ようかんやケーキなどの手土産を持っていこうという話ではない。

クライアントとのミーティングの際には、(先方が要求していなくても)当日の議題についての意見をまとめた書面を用意していくということだ。クライアントとの限られた時間の中で付加価値をどれだけ伝えられるかが勝負である。

具体的に言えば、前回までの議論のまとめと、今後の議論のポイント、自分なりの考え方やアイデアを簡単にまとめて準備する。クライアントとの短い時間の中で、専門家としての意見や彼らが見落としがちな消費者の立場に立った視点を提供できれば評価は高まるだろう。

私の専門はマーケティングなので、市場セグメントやターゲット設定などをロジカルに説明した上で、消費者の価値観やライフスタイルに基づいた市場攻略のアドバイスができるよう心掛けている。資料は得意なソフトを使って作成すればいいと思う。私の場合は、ワードで作成したＡ４資料を中心にして、図解やイメージ写真を付ける場合はパワーポイントを使う。全部をパワーポイントにしないのは、伝えたいポイントはＡ４で簡潔にまとめると一覧性があって議論に使いやすいからだ。

内容はダラダラと文章を連ねてはいけない。①タイトル、②中見出し、③具体的な説明を箇条書きにした体裁が読みやすいと思う。

また、資料は打ち合わせ前に先方に送付しておくのが望ましい。デジタルデータで渡すことで、クライアント自身がパソコンに保存したり、関係者に送るメールに添付したり、更には加工して社内向けの資料として活用できるというメリットがある。

働き方 7 収入と支出を月次で把握する

私が独立したのは２０１６年の7月だったが、フリーランスとしての1年目の事業収益は赤字だった。ビジネスを始めるための「開業費」がかかったからだ。その年は会社からの給与所得もあったが、事業収益が赤字だったので確定申告で税金が戻ってきた。

開業当初は、仕事場の確保や情報環境の整備などの「開業費」がかかる。「開業費」は個人事業主となった時点からだけではなく、個人事業主としての事業に使う前提で購入したものであれば、会社員時代に購入したものでも対象になる（※1）。例えば、（独立することを前提にして）会社員時代に購入した事務用品も「開業費」として認めてもらえるので領収書（またはレシート※2）をちゃんと保管しておこう。

※1…金額によって固定資産になるものもあるので、専門家に確認を。

※2…確定申告では、必ずしも正式な領収書である必要はなく、一般のレシートでも問題ない。万が一、レシートも失くしたらクレジットカードの請求明細でも代用できる。

次に、開業から一定期間が経ち、仕事が回り始めると、収入と支出の月次管理を始める。個人事業主とはいえ、一応事業をやるわけで、お金の管理はしっかりやらないといけない。私も開業当初は銀行の預金残高が毎月減っていくことに不安を覚えたが、収入と支出の内訳が分かれば対策が見えてくるからだ。

収支の月次管理には3つのチェックポイントがある。

一つ目は事業の売り上げだ。これはクライアント別に管理する。月次契約のものとスポット契約のものを分けておくといいだろう。

二つ目は、支出の中で「経費」になるもののだ。経費は「事業を行うために使った費用」ということになる。事務所経費、水道・光熱費、仕事のための交通費の他、事務用品や事務機器、顧客に対する交際費、来客時のお菓子やお茶・コーヒー代、クルマの購入費、修理代、車検費用等、事業に必要であればさまざまなものが経費として計上できる。どこまでが経費として認められるかは仕事内容にもよるので、自己判断せずに税理士など専門家のアドバイスを受けるのがいいだろう。そして、事業売り上げから経費を引いた金額が事業収益ということだ。

三つ目は、経費以外の支出だ。一般的な生活費や遊びにかかった金額を把握しておこう。これら3つの数字を毎月把握しておけば、どのくらい稼げば利益が出るのか、または経費をどのくらい節約すべきなのか、生活費の上限はどれくらいにすべきかが分かってくる。「見える化」することで不安が徐々に解消されるだろう。

フリーランスとして生きる3つの自己研鑽

自己研鑽 8 情報収集の時間を確保する

個人事業主になると、サラリーマン時代以上に情報収集に時間を割く必要がある。個人事業主にとって情報収集能力は価値の源泉だ。私の場合、トヨタ時代は自動車関係の情報を押さえていればよかったが、独立後はどんな業種の方から相談を受けてもいいように幅広い情報収集を心掛けるようになった。

情報収集方法には次の二通りがある。

一つ目は「一般的な情報収集」だ。

サラリーマン時代は斜め読み程度だった日経新聞は最低30分かけてじっくり目を通し、重要だと思った記事はアンダーラインを引いてそのページを切り取っておく。スクラップはしていないが、直近1カ月程度の記事は探せば見られる状態にしている。

ニュースサイトはニューズピックスがいいと思う。私もプロピッカーをやっているが、さまざまな方々の記事へのコメントを読むことで、多面的な理解ができるからだ。また、自営業の特権としてテレビのワイドショーもよく見ている。私は生来のテレビっ子ということもあるが、マーケッターとして世間の興味関心を知るには有効だと思う。

二つ目は「専門分野の情報収集」である。

私の専門分野はマーケティングなので、日常的には日経ＭＪを購読している。専門家を自称する以上、日経新聞には載っていない情報を日々収集しておくことは必要だ。その他にも、話題の書籍を読むことや研究会に参加することもいいだろう。

仕事が忙しくなると専門分野の勉強がどうしても疎かになりがちだ。私は会社を辞める3カ月前からビジネススクールに通い始め、マーケティングの勉強をやり直した。結構大変ではあるが、久しぶりにアカデミックな世界に触れるのも一案だと思う。ビジネススクールは負担が大きすぎるという人には、グロービス経営大学院のようなところが講座単位で受講できる制度を用意しているので検討してみてはどうだろうか。

「働き方3．スケジュールの管理体制をつくる（P153）」でも書いたが、私は午前中をメールチェックと情報収集の時間にしている。忙しくなると資料づくりの時間に使いたい時もあるが、それをこらえる勇気も必要だ。継続は力になる。まずは半年続ければそれなりの情報通になれるはずだ。

自己研鑽

9 ビジネススクールは「ビジネスチャンススクール」でもある

ビジネススクールはサラリーマン時代に通うのもいいが、独立した後で通うメリットの方がより大きい。私自身はトヨタを退職する3カ月前に中央大学のビジネススクールに入学した。前職時代にお世話になったマーケティングの田中洋教授のゼミに入るのが目的だった。

実際に通ってみると、専門科目のマーケティングだけでなく、金融論や財務会計といった専門外の授業も面白くて大変勉強になった。年齢や立場、経歴を超えて多くの方と勉学の場を通じて深く交流できる機会を持てたことも、会社ではできない貴重な経験となった。

ビジネススクールの学生は30代から40代前半の方が多い。職場の中心として活躍している世代で、高い学費を出して自ら学ぼうという意識の高い人たちなので、仕事に対しても前向きな人が多い。私のような50歳以上は少数派だが、社会人の先輩として頼りにされたりもする。

私はビジネススクールのつながりで何件かのお仕事をいただいた。1件目は社員教育を企画している会社の方から、ある企業の社員向けにブランディングの講師をやってほしいと相談され、半年以上にわたり20回近い講演や社内教育のファシリテーターをやらせていただいた。2件目は最近のことで、大手商社系企業の新規事業立ち上げのお手伝いを相談され、これから仕事が始まる。

私の通っていた中央大学のビジネススクールは比較的少人数で、学生同士だけではなく、教員の方々やOBとの交流も盛んに行っている。私のゼミの先輩には、先頃東証一部に上場したデジタル広告会社の会長がおられて、仕事上の相談にも乗ってもらっているし、先日は指導教官である田中洋教授と一緒に某大手企業の取引先を対象にしたコンベンションで3日間にわたり講演をさせていただく機会もいただいた。

「ビジネススクールに通っても仕事の役に立たない」という人もいる。確かに日本のビジネススクールはアメリカとは違って卒業したことが給与や報酬に反映されることはない。それでも老若男女が集まって一緒に勉強する場は楽しいし、これだけ多くの業種の方々と親密に交流できる場は他にないと思う。学問の場を「ビジネスチャンススクールでもある」などというと叱られるかもしれないが、50代からフリーランスを目指す方にはぜひお勧めしたい。

自己研鑽

10 講演会に行こう

講演会に行くことはその道のプロと知り合える大きなチャンスだ。

スポーツ選手やタレントの講演会は面白いかもしれないが、そのような方々と知り合いになっても、その後の仕事につながるということはない。有名人よりも自身の専門分野で活躍している人や、専門分野が違っても個人的に教えを乞いたいと思うような人の講演会に出かけるのがいいだろう。また、自分より先に独立して活躍している先輩フリーランスの話を聞くのも参考になる。

講演が終わったら名刺交換をして、フェイスブックの友達申請をしてつながりを持てるようにしたい。その後、メッセンジャーなどで「一度お伺いしてお話をさせていただきたい」とお願いすれば、会ってくれる人は多い。講演者自身も新しい人脈を求めているからだ。ちなみに私も時々講演会に呼ばれるが、終わった後に多くの方と名刺交換をさせていただき、聴講いただいた方からご連絡いただくのはとてもうれしいものだ。

また、独立すると、講演をしてみませんか?という声がかかる方もいるかもしれない。そういう機会があれば積極的に挑戦した方がいい。

その時に悩むのが講演料だ。「自分の値段を決める」で書いた一日当たりの金額が相場と考えればいいが、(タレント教授みたいな人とは違って)講演料を稼ぐのが目的ではない。基本は相手の言い値で受ければいい。極端に言えばタダでもいい。聴講してくれた人とビジネスが始まることも期待できるからだ。

私の場合も講演から仕事につながったケースが何度かある。宣伝関係のセミナーでお話をさせていただいた時、ある医療機器メーカーの方からご相談をいただき、新商品の発売キャンペーンのお手伝いをしたことがある。ビジネススクールで講演した時は、不動産業界の方から連絡がありお仕事をいただいた。

講演後には、聴講生の方から名刺交換に来てくれるのを待つより、自分から「皆さんと名刺交換をさせてください」と声をかけるとより多くの方と名刺交換ができる。

最近は、講演をしたい人が登録するサイトが複数あるので調べてみてもいいだろう。登録時に講演風景の動画を提出させるところもあるので、どこかで講演する機会があったら許可をもらって撮影しておくといい。撮影は家族や友人に頼んでスマホで録画してもらえば十分だ。すぐに講演依頼が来ることはないかもしれないが、ビジネスにつながるチャンスはたくさんつくっておくに越したことはない。

心得11 「自分らしい」をキーワードにする

会社を辞めて壮大な夢に挑戦することを否定はしない。50代で起業して大成功する人もいる。ただし、世間はそれほど甘くはないことも覚悟しておきたい。

若者は大志を抱けばいい。いや、ぜひ抱いてほしい。だが、私たち50代の人間は華々しい成功よりも「自分らしい生き方」を目標の中心に据えた方がいい。50代での独立は、金銭的な成功だけを目指すのではないからだ。もちろん頑張れば会社員時代以上の収入を得られる場合もあるし、仮に年収は下がっても、70歳以降も働き続けることができれば、生涯年収では上回れるかもしれない。ただし、収入目標をモチベーションにすることはいいが、お金はあくまでも結果であって、それだけが目標ではない。

「安定した収入のために会社にしがみつく人生」と「不安定だが自分らしい生き方を目指す人生」を比較して、後者を選べる人は50代で独立することができる。

ただし、前にも書いたが、若い人が起業するのに比べれば、50代でフリーランスになるリスクなどたいしたことはない。退職金ももらい、（支給年齢が繰り下げられるとはいえ）65歳から厚生年金も支給される。家を持っている人は金がなくなればリバースモーゲージで金に換えればいいのだ。「髙田さん、よく思い切りましたね」と言われるが、世の中にはもっと思い切った人生を送っている人が山ほどいる。

50代になると、会社の同期が役員になったりする。若い頃は自分の方が優秀だったのに…と、羨ましく思ったりする人もいるだろう。ただし、役員になって個室や車をもらう代償も大きい。最近流行している「忖度」など、サラリーマンの世界では昔から常識だ。会社にいて「自分らしい生き方」をしようと思ったら社長にならないといけないだろう。

「独立後の生活に忖度はない」

もちろん、クライアントに喜んでもらうために頑張るが、それは１００％仕事の中身で応える。だいたい、一人でやっていると忖度しようにも相手がいない。

私は独立して3年目に入り、新しいクライアントのおかげで仕事の領域も広がってきた。昔は斜め読みだった新聞もしっかり読むようになったし、今まで関心のなかった税金や年金のことや、自身の資産運用についても考えるようになった。50歳を過ぎてやっと一人前になった気分だ。

心得 12 出身会社の悪口を言わない

会社を辞める理由として、「会社での嫌なこと」がきっかけになる人もいるだろう。独立するにあたっては、まず「やりたいこと」があるのが絶対的な基本だが、決断のきっかけが「嫌なこと」であることは往々にしてある。ただし、会社を辞めたら出身会社の悪口は言わないことだ。前の会社の悪口はあなたの品格を下げるからだ。

「俺の時代はこうだったが、今はダメだ」、「あいつが役員になるなんておかしい」といったことばかり言っていると、聞いた人から「それならあんたが役員になればよかったじゃないか（どうせなれなかったくせに……）」と思われるのがオチである。

世間は狭い。あなたの言う悪口はいつか出身会社の人たちの耳に入る。独立した当初は、「出身会社に話をつないでほしい」といった相談も多いだろう。その際に昔の上司や部下は頼りになる存在だ。そして年数が経つと部下だった方々が責任のある立場に立ち、あなたの相談に乗ってくれるかもしれない。自分たちの悪口ばっかり言っている人を助ける人間などいないだろう。

私自身は31年トヨタ自動車で働いた。お世話になったり、お世話をしたりしながら一緒に仕事をした戦友的存在の人たちがまだ現職で働いている。それを否定してしまうのは自分自身の否定になってしまう。

一方で、会社を辞めてみると、出身会社の悪口が耳に入ってくることもある。これをさりげなく後輩たちに教えてあげることはいいことだと思う。言った方の名前を明かすことは絶対にいけないが「外から見るとこんな意見もあるみたいだよ」と元部下に教えてあげることは、彼らにとっても有益な情報だと思うからだ。

心得

13 「出羽守（ではのかみ）」にならない

「出羽守（ではのかみ）」とは、「私がいた○○ではこうだった」を連発する人のことを指す。特に大企業出身者にありがちなパターンだ。

大企業にいたことが自身の商品価値になることは私自身もよく分かっている。ただし、前職の会社の自慢ばかりされたら聞いている人はどう感じるだろうか。「そんなに好きなら何で辞めたんですか」と言いたくなるだろう。

ただし、かくいう私も、時々これをやってしまう。

「トヨタでは……」「レクサスでは……」と、つい口に出してしまうのだ。外に出てみると、トヨタの仕事の進め方は優れた部分が多いと感じることも多いし、仕事相手もそれを聞きたいと期待している場合もある。それでも、やはり言い方には気をつけた方がいいだろう。

一方で、前職での実績を自身のＰＲに使うことを躊躇することはない。

会社の看板やお金に助けられたとはいえ、会社側もあなたの力を借りた「共同作業」だからだ。

サラリーマン時代の実績は、独立した以降も個人の商品価値の大きな部分を占める。私の場合も、「元レクサスのブランド責任者」という看板を活用させてもらって、いろいろな場でブランディングの話をさせていただいている。自身の実体験に他業界の同種の事例も交えれば、情報としての価値は一層高まるだろう。

人材紹介会社の面談で「あなたは何ができますか？」と聞かれて「部長ができます」と答えた人がいたという笑い話がある。前職での肩書にも一定のＰＲ効果はあるが、人が知りたいのは、やってきた仕事の内容だ。

大企業出身者にありがちな話をもう一つ紹介する。

独立してフリーランスになると、自分の子どもと同じくらいの年齢の人と仕事する機会も多い。大企業の元管理職は、年下の人や役職の低い人につい横柄になりがちだ。たとえ息子や娘のような新入社員であっても、謙虚に接することが大切。特に「○○君」「○○ちゃん」というような呼び方をするのは絶対に避けたい。年齢にかかわらず「○○さん」を徹底しよう。これは、本人がいないときにも守らないといけない。

相手方の上司に「お宅の会社の○○君がね」なんて呼ぶのは絶対NGだ。本人の前では「さん」づけ、いないところで「君」づけというのは品格を疑われる。

心得14 「働かない」時間をつくる

仕事が軌道に乗り始めると、時として働きすぎてしまうことがある。仕事がないよりはるかにいいことなのだが、仕事をくれたクライアントに応えようとするあまり、不必要なほど資料をつくったりする。その裏にはフリーランスとしての不安感があり、期待を超えないといけないプレッシャーがあるからだ。

独立してほぼ3年が経ち収入も安定してきたが、時々強い不安感に襲われる時がある。「今はいいが来年はどうなるんだろうか?」「5年後もちゃんと仕事があるんだろうか?」という気持ちが突然襲ってくる。それを打ち消すために、また働いてしまうのだ。

しかし、せっかく組織の束縛から解放されたのに、休みなく働いて体を壊してしまっては元も子もないし、精神的に病んでしまったら「自分らしい生き方」などできなくなる。責任感の強い人ほど気をつけた方がいい。

対策としては、強制的に働かない時間をつくることだ。私自身は3種類の「休む」時間を確保するように心掛けている。


一つ目は、短い休憩をとる。

ほんのちょっとした休息だ。少し外出して散歩したり、カフェでコーヒーを飲みながら本を読んだりする。

二つ目は、趣味の時間を確保する。

私はゴルフが大好きなので、芝生の上でボールを打っていれば嫌なことをすべて忘れられる。退職した会社の先輩やフリーランス仲間、時には家族とゴルフを楽しんでいる。趣味がないという人は、独立を期に新しい趣味を始めてみるのもいいだろう。

三つ目は、友人たちとの会食だ。

慕ってくれる元同僚や、仲のいい仲間と会って話すのは本当に楽しい。また、50代になると小学校、中学校、高校の同窓会の誘いが結構増えるので、そういう会に出てみるのもいいかもしれない。

フリーランスは仕事中に無駄話をする相手がいない。私の場合も妻が外出すると猫しかいない。気の置けない友人とバカ話をする時間は最高のリフレッシュだ。

そして、働きすぎを是正する最良の方法は、過度な完璧主義を排することだ。働きすぎて体や心を病むほどに自分を追い込む必要などない。すべてが完璧でなくても、真摯な気持ちで仕事に向き合っていればクライアントの要望に応えることができるはずだ。

心得 15 健康管理と楽観主義

先日健康診断を受けた。私は気が弱いので、健康診断を受ける前は怖くて怖くて仕方がない。幸いなことに結果は良好で、とりあえず最低あと一年は病気では死なないだろうと思う。言うまでもいないが、フリーランスで働く上で、健康は何よりも重要だ。自分自身の体が資本。働けなくなったら元も子もない。

サラリーマン時代には年に1回、定期健康診断があったが、フリーランスになると自分の体についても自己管理が求められる。健康診断も自分で決めて自分で申し込む。面倒だなと思っても、仕事が忙しくても最優先でやるべきことだ。

年に一度は、しっかりとした健康診断を受けないといけない。私の場合は、通常の検診に加えて、胃カメラ、大腸カメラ、肺ドック、脳ドックもお願いしている。

一般的に会社で受ける健康診断は無料だし、数年に1回、外部の医療機関で人間ドックを受けさせてくれる会社もあるだろう。フリーランスになると健康診断は自腹になる。特に人間ドックは病気ではないので健康保険の対象外だ。基本コースでも2～3万円はかかるし、私のようにオプションを受けるとその数倍はかかるだろう。夫婦二人となるとかなりの高額になる。

対策としては、人間ドックにすべて頼らず、前年の検査で数値が悪かったところや、生活していて気になったところ（例：胃が痛い、頭が痛い）が少しでもあれば、普通の病院で健康保険が使える「診察」として診てもらうのがいい。そうすれば人間ドックは一番ベーシックなコースで十分だろう。

運動不足にもなりやすい。自宅で仕事をするようになると太る。これは私が証明している。私は独立後の1年間で10kg近くも太ってしまった。頑張って7kgは減少したが、また5kg太ってしまったので、この点について私はあまり偉そうなことは言えない。

契約したボクシングジムにも、行かなくなって2年が過ぎた。サイクリングでもするかと買った自転車も、そのまま放置してしまっている。今回の健康診断結果に安心することなく、運動不足の解消に励むことを本書の刊行とともに宣言したい。

そして精神面での健康管理も大切だ。先ほども書いたが、フリーランスにとって精神面での最大の敵はやはり「将来への不安」だ。そのための最高な処方箋は「楽観主義」しかない！

本書でも何度か書いたが、楽観主義でいける背景を私たち50代のフリーランスは持っている。退職金をもらい、厚生年金もそれなりにあてにできる。国民年金しかない自営業の方々や、住宅ローンを抱えながら起業する勇敢な若者に比べると、一定の安全圏の中にいるからだ。マスコミが煽る過度な老後不安に怯えていても何もできないではないか。

「健康管理と楽観主義」

これが最後のアドバイスだ。

おわりに

　この原稿を書いているのは平成31年の4月23日、間もなく元号が令和に変わろうとしている。私が大学を出てトヨタ自動車に入社したのが1985年（昭和60年）、その4年後に平成が始まった。会社を辞めたのが2016年（平成28年）なので、私のサラリーマン生活はほぼ平成時代と重複している。

　最近、野口悠紀雄さんが『平成はなぜ失敗したのか』という本を出版されたが、私たちの世代はその失敗にまともに加担している世代ということになる。戦後の高度経済成長を支えた日本型経営に綻びが見え始めたにもかかわらず、入社した翌年の1986年から始まったバブル景気に浮かれ、気がつけば失われた30年という長いトンネルの中に入っていた。

　私自身については、31年間のサラリーマン生活は大変充実していたと思っている。5年間の海外駐在も含めて、多くの経験の中で先輩からは本当に可愛がってもらったし、後輩や部下からもずいぶん助けてもらった。そのおかげで今の自分がある。

ただ、「世代の一員」の立場からは、胸を張って若い方々に「俺たちはこれをやったぞ」と言うことができないでいる。戦後の日本株式会社をつくり上げた先輩たちの遺産の上に乗っかったまま、時代に合わせた変革をすることなく、社会を次世代に引き継ぐことになりそうだ。

このところ、テレビを見ていると、同世代の人間が企業の不祥事でお詫びばっかりしている。私自身はお詫びするほどの立場にまで至らずに会社を辞めてしまったがいろいろな方のおかげでフリーランスとしてなんとか仕事ができるようになったことに感謝して、何らかの形で社会に恩返しをしたいと思ったのがこの本を書こうと思った動機だ。

本文中にも繰り返し書いたが、我々の世代は恵まれている。定年前に辞めても退職金はほぼ満額もらえるし、会社によっては早期退職奨励金も出る。年金も、支給開始年齢は繰り延べされるかもしれないが、それなりにはもらえそうだ。政府の借金は年々増えていくが、生きているうちに日本が破綻することはないだろう。

政府は高齢者雇用安定法を更に改正して、高齢者が70歳まで働ける環境整備を企業に求める方針のようだが、先日、経団連の中西会長からは「経済界は今後終身雇用制など守れない」という発言があった。高齢者の雇用を守る一方で若者だけをグローバルな競争社会にさらすというのは社会的な矛盾を生み、世代間対立を加速すると思う。私は同世代とそれに続く世代に対して、国や企業に守られるのではなく、人生の後半を自分の力で生きるという選択肢を提案したいと考えてこの本を書いた。

曲がりなりにも30年前後にわたり社会人として生きてきた知識、経験、人脈がある。会社から離れて生きていける人は相当数いるはずだ。会社のことは優秀な次の世代に任せよう。

若い人たちが存分に活躍できるように、我々世代は側面から支える役目に回ればいい。同時に、チャレンジする楽しさと爽快感を味わおう。

なお、最後に「終わった人」という表現を使ったことについてひとこと弁明をさせていただきたい。会社に残る人たちすべてを「終わった人」と思っているわけではない。会社に残って生き生きと活躍されている方を多く知っている。ただ、そのような方々も含めて、多くの方が本書によって今後の生き方・働き方のヒントを得ていただければそれ以上の喜びはない。

本書の出版にあたっては、全く執筆経験のない私に対し、集英社学芸編集部部長の藤井真也さん、構成作家の白鳥美子さんから懇切丁寧な助言をいただいた。また、博報堂執行役員兼博報堂ケトル代表の嶋浩一郎さん、博報堂ケトルの川端亮平さんからも多くのサポートをいただいた。この場を借りてお礼を申し上げたい。

平成31年4月23日

髙田　敦史

髙《たか》田《だ》敦《あつ》史《し》 ATSUSHI TAKADA

A.T. Marketing Solution代表
Visolab株式会社 Chief Marketing Officer
一般社団法人ブランド・マネージャー認定協会アドバイザー
広島修道大学非常勤講師

1961年生まれ、一橋大学商学部卒業。1985年トヨタ自動車入社。宣伝部、商品企画部、海外駐在（タイ、シンガポール）等を経て、2008年、宣伝部の分社化プロジェクト「Toyota Marketing Japan」を担当し、Marketing Directorに就任。2012年からトヨタ自動車に戻り、Lexus Brand Management部長として、レクサスのグローバルブランディング活動を担当。レクサス初のグローバル統一広告の実施、カフェレストラン「INTERSECT BY LEXUS」の東京、ニューヨーク、ドバイでの出店等、各種施策を主導。2016年、トヨタ自動車を退社し、個人事業主となる（屋号：A.T. Marketing Solution）。独立後はブランディング領域を中心としたコンサルティング業務、講演活動等を行うとともに、2018年には経済産業省が行う「産地ブランディング活動（Local Creators' Market）」のプロデューサーを務める。

カバーデザイン　村沢尚美（NAOMI DESIGN AGENCY）
本文デザイン　宮崎恭子（NAOMI DESIGN AGENCY）
構成・取材協力　白鳥美子

会社《かいしゃ》を50代《だい》で辞《や》めて勝《か》つ！

「終《お》わった人《ひと》」にならないための45のルール

2019年6月30日　第1刷発行

著者　髙田《たか》《だ》 敦史《あつし》

発行者　茨木政彦

発行所　株式会社　集英社
〒101-8050
東京都千代田区一ツ橋2-5-10
編集部：03-3230-6068
読者係：03-3230-6080
販売部：03-3230-6393（書店専用）

印刷所　大日本印刷株式会社

製本所　ナショナル製本協同組合

集英社ビジネス書公式ウェブサイト　http://business.shueisha.co.jp/
集英社ビジネス書公式 Twitter　https://twitter.com/s_bizbooks(@s_bizbooks)
集英社ビジネス書 Facebook ページ　https://www.facebook.com/s.bizbooks

 ISBN978-4-08-786114-3 C0034